관심을 가져야 보이는 것

관심을 가져야 보이는 것

이기정 지음

아침향기

"관심을 가져야 보이는 것"
이 두 번째 책이 태어남을 기뻐하면서 …

서석구 목사

우리 인생은 만남으로부터 시작됩니다.

부모와의 만남, 형제와의 만남, 친구들의 만남!

이 만남이 결국 하나님의 뜻(세상말로 운명)까지 이루어갑니다.

이 만남은 씨줄과 날줄로 엮어져 있습니다. 아픔의 만남은 면류관의 흔적이 되기도 합니다. 흉터는 남지만...

이 두 번째 책 "관심을 가져야 보이는 것"의 출판은 축복의 신물(信物)이라고 생각합니다.

용서와 사랑의 산물(産物)이라고 믿기 때문입니다.

첫째, 만남

우리는 1954년 공주침례교회에서 만났지요.

친구는 60년을 살아오면서 진실로 변함이 없는 그대로의 믿음과 사랑의 친구입니다.

그 발걸음 속에 눈물과 희열(喜悅)이 함께 담겨 있지요.
여정을 함께 울고 웃어온 사랑하는 벗들의 추억도 아름답습니다.

둘째, 지혜
참 지혜로운 친구의 만남이었습니다.
이미 출판된 책에서 보는 바 아직 끝나지 아니한 생애에 꽃이요 면류
관인 지혜로운 책이라 생각됩니다.
친구는 모든 면에 지혜롭고 과학적이었고, 수학적이었습니다.
그 자취는 첫 출판의 "손자와 함께 풀어본 창조의 신비"에서도 또 두
번째의 "관심을 가져야 보이는 것"에서도 잘 나타나 있어요.

셋째, 선물
이 선물은 참 멋있고 거룩합니다. 그리고 사랑합니다.

전도서 12:9-10 "전도자가 지혜로움으로 여전히 백성에게 지혜를 가
르쳤고 또 깊이 생각하고 연구하여 잠언을 많이 지었으며 전도자가
힘써 아름다운 말을 구(求)하였나니 진리의 말씀들을 정직하게 기록
하였느니라."

우리는 이 책을 다 같이 읽고 음미했으면 좋겠습니다.
인내가 있고 사랑이 넘치는 책이기 때문에...
하나님의 창조의 확실함이 깨달아지는 책이기 때문에...

궁금증이 풀리는 은혜의 책

홍인혁 장로

이기정 목사님은 약사이시면서 목회자의 길을 걸으신 분입니다.
제가 1999년 목사님을 만나 함께 교회를 섬겼던 그 시간은 소중하고 복된 시간이었습니다.
여행을 좋아하시던 목사님은 하나님의 창조에 늘 관심을 가지셨던 분입니다. 은퇴하신 후에 쓰신 책, "손자와 함께 풀어본 창조의 신비"는 그리스도인들에게뿐만 아니라 믿지 않던 많은 이들에게도 창조에 관심을 갖게 하는 길잡이가 되었습니다.
목사님은 이제 두 번째 책 "관심을 가져야 보이는 것"을 쓰셨습니다. 이 책을 통해서 많은 사람이 더욱 창조에 확신을 갖게 되리라고 믿습니다.

첫째, 우리의 생각과 기억 속에 잘못 새겨진 진화론이 허구라는 것을 깨닫게 될 것이고, 말씀으로 지어진 하나님의 창조만이 진리임을 알게 된 것입니다.

진리는 변하지 않고 처음이나 끝이 동일합니다. 이 진리의 말씀을 믿는 것이 우리의 믿음이라고 생각합니다. 참 과학은 하나님의 창조를 알아가는 것이며 그 과정에서 주님과 하나가 되며 창조 가운데 지금도 일하고 계시는 하나님을 드러내는 것입니다.

둘째, 하나님의 창조를 믿지 못하는 사람들과 어려워하는 사람들에게 친근하게 다가가는 책이 될 것입니다.
하나님의 창조에 확신을 갖지 못하는 그리스도인들이나, 믿지 않는 많은 사람들까지 다 확신을 심어줄 수 있는 책이라 믿습니다.
인류의 조상이 인간이 아니라는 사람들 앞에 서 있는 우리는 대충 알아서는 안 됩니다. 확신을 가져야 합니다. 하나님의 창조는 우리에게 주신 하나님의 약속입니다. 그리고 하나님의 형상을 닮게 지음 받은 우리는 하나님의 약속을 받고 응답을 하나님께 드려야 하는 자들입니다.

셋째, 아는 것이 힘인데, 이 책은 창조에 대하여 추측하는 것을 안다고 생각하는 사람들에게 확실히 알게 하도록 방향을 제시하는 책입니다.
사람은 아는 데 한계가 있습니다. 이 책은 알게 하기 위해 질문을 하면서 자연스럽게 알아가도록 생각하게 하는 책이 될 것입니다.
컴퓨터나 자동차는 설계자와 제작자가 있다는 사실을 우리가 다 잘 압니다. 그리고 그 기기들을 더 알기 위해서는 설계자나 제작자에게 물어봐야 합니다.
하나님은 천지 만물을 설계하신 분이고 제작하신 분입니다. 그러기에 우리가 창조를 더 잘 알기 위해서는 하나님께 물어봐야 됩니다.

넷째, 왜 창조가 역사인지 이 책은 그 역사를 통해서 그리스도인으로서 해야 할 중요한 일은 무엇인지 깨닫게 합니다.
인류역사에서 중요한 두 가지가 있는데, 하나는 하나님의 창조요, 또 하나는 인류를 그리스도께서 구원하신 것입니다.
천지만물을 지으신 창조주 하나님은 죄에서 인류를 구원하신 구주 예수님이십니다. 창조를 믿는 것은 그것으로 끝나지 않고 예수님의 탄생, 십자가의 구원, 그리고 부활의 주님을 믿는 것으로 이어집니다. 창조를 알고 믿을 때 비로소 믿음이 시작됩니다.

목사님은 그 어려운 물리학, 지질학, 생명공학을 말씀하려는 것이 아닙니다. 하나님이 지으신 모든 만물 가운데, 우리의 이웃과 함께하는 산책길에서 일어나는 일들과 이 시간에 우리 주변에서 일어나고 있는 일들 가운데서 쉽게 창조의 증거를 찾게 하십니다. 쉽고 재미있게 쓰셨지만 진리를 분명하게 설명해 주십니다.

첫 번째 책에 이어 두 번째 출간되는 이 책을 통해서도 하나님이 주신 생명의 근원을 깊이 생각하게 할 것입니다.
책을 읽으면서 궁금증이 풀려져 가시는 은혜의 시간이 되실 것을 믿으며 감히 이 책을 권해 드립니다.

책을 쓰면서

사람은 태어날 때 아무것도 모르는 핏덩이로 태어납니다. 스스로는 앉지도 서지도 못합니다. 그러던 핏덩이가 일 년 지나 이 년 지나면서 말을 배우기 시작하면 질문을 시작합니다. 엄마에게 묻고, 아빠에게 묻고. 그렇게 질문하면서 이것, 저것, 많은 것을 알아갑니다. 아무것도 모르는 줄 알았던 아이가 나중엔 엄마 아빠보다 더 많은 것을 알게 됩니다. 질문을 많이 한 아이일수록 더 많이 아는 것 같습니다.

의문이 많고, 관심이 있을 때 질문을 하면 알아갈 수 있다는 이야기입니다. 그런데 어느 시기가 되면 알 것을 다 알았는지 점점 질문이 없어집니다. 어른이 되었다는 증거일 것입니다.

사람은 모르는 것이 너무도 많습니다. 우주 만물이 얼마나 크고 광대합니까? 그 큰 세상을 어떻게 사람이 다 알 수가 있겠습니까? 그런데도 어른이 된 사람은 모르는 것이 많으면서도 자존심 때문인지 남에게 질문하기를 싫어하는 습성이 있는 것 같습니다.

필자도 예외가 아닙니다. 어려서도, 어른이 되어서도, 남에게 질문하기를 싫어했습니다. 그래서 아는 것이 별로 없습니다. 그런데 어느 날 깨달았습니다. 의문이 있고, 관심이 있으면 질문을 해야 알 수 있다는 것을. 관심이 있으면 우선 자신에게 질문을 하고, 또 남에게도 질문을 하고....... 그래야 무엇이든 더 알 수 있다는 것을요. 그래서 책을 쓰기로 했습니다. 나와 같은 사람을 위해서입니다. 함께 관심을 가지고, 함께 질문을 하면서....... 이 광대한 세상을 더 알기 위해서입니다.

세상에는 신비한 일들이 참으로 많이 있습니다. 그런 신비한 일들은 관심이 없으면 보이지 않습니다. 관심을 가지고 질문을 해야 보이고 또 알아집니다. 그런 신비는 상식적으로나, 과학적으로나, 도저히 설명이 안 되고, 증명도 안 되는 것들입니다. 그렇다고 그런 것이 미신이거나, 요술에 의한 것이 아니라고 생각되는 경우가 많습니다. 그런 신비한 일은 과거에서부터 있어 왔고, 현재에도 우리 눈으로 볼 수도 있고 느낄 수도 있는 확실히 존재하고 있는 것들입니다. 사람들이 그런 사실들을 우연이라고 생각하기가 쉬울 것입니다. 전부터 있던 것이니까, 그저 그러려니 하는 사람도 있습니다. 어떤 사람은 전혀 관심이 없는 분도 있고, 그런 것이 신비인지조차 모르고 지나치는 분도 있습니다.

이 책은 그런 신비한 사실이 있음을 체험할 수 있도록 읽기 쉽게 쓴 책입니다. 그런 신비에 많은 사람들이 더 관심을 가질 수 있도록 하기 위해서입니다. 읽으시면서 함께 관심을 갖고, 함께 질문을 하고, 함께 경험해 가는 그런 은혜가 있으시기를 기원합니다.

이기정

목차

PART 2 토끼와 함께 떠나는 신비여행

PART 1

관심을 가져야
보이는 것

A 자세히 보아도 신비(神秘)

01
관심을 가져야 보이는 것

"너는 엄마가 낳았어." 라는 엄마의 말에
"거짓말, 어떻게 엄마가 나를 낳을 수 있어?" 라고
아들이 말한다면
엄마의 심정은 어떨까

조금만 더 관심을 가지고 주위를 살펴보면 안 보이던 것들도 보이고
의문이 되는 것들도 많고 '왜 그럴까' 생각하게 하는 것들도 있다는
것을 알게 된다.

사람은 왜 생각을 하지? 왜 연구하는 머리를 가지고 있지?
생명은 무엇이며, 생명체들은 왜 그 모체를 닮지?

생명체 세포에는 왜 유전자(DNA)라는 것이 있지?

이런 질문은 관심 없으면 할 수 없을 것이다. 오히려 자연적으로 그렇게 있는 것이라고 생각되는 것들이다. 그러나 조금만 관심을 가지고 살펴보면, 사람의 머리로는 해결이 안 되는 신비(神秘)한 것들이라 할 수 있다.

우주 만물은 반드시 생성 기원이 있다. 세상 만물이 아무 근거도 없이 저절로 생길 수는 없으니까, 그것들이 생겨난 기원이 있다는 이야기다. 창조든, 빅뱅이든, 진화든, 분명히 그 기원이 있다는 것은 누구라도 알고 인정한다는 뜻이다. 그 기원 이전에는 분명 아무것도 없었던 상태가 있었기 때문에 그 기원으로부터 우주 만물이 있게 되었다는 것은 아니라고 부정할 수 없는 사실이다.

사람들이 말하는 그 어떤 주장(창조, 빅뱅, 진화)을 믿고 그것을 인정하든지 안 하든지 간에, 아무것도 없었던 상태에서 우주 만물이 지금처럼 있게 되었으니 관심을 가지고 있는 사람이라면 그런 것을 신비롭다고 생각하지 않을 수 없을 것이다.

아무것도 없었던 상태에서 어떻게 물질도 생명도 있게 되었을까? 물질은 무엇이며, 생명이란 도대체 무엇일까? 그 신비로움은 사람의 지식으로 그 답을 얻기가 참으로 어려운 일이다.

과학으로도 풀리지 않는 그 신비(神秘)란 도대체 무엇일까?
'신비(神秘)'란 글자가 뜻하는 대로 신(神 : 하나님)의 비밀(秘密)이란 뜻이 아니겠는가? 그래서 사람의 지혜로는 하나님의 신비를 알 수가 없는 것이다.
그것은 하나님의 비밀이니까. 물론 창조주 하나님께서 그 사실을 숨기고 싶어 비밀로 하신 것은 아닐 것이다. 비밀로 하지 않고 알려 주려고 해도 창조 이전에는 알려 줘야 할 사람이 없었기 때문이다.

창조 이전에는 아무것도 없는 상태였는데, 하나님께서 우주 만물을 창조하시면서 아직 아무것도 없는 상태였고, 사람도 창조하기 이전이기 때문에 하나님께서 사람에게 창조하시겠다는 계획과 설계를 알려 줄 수가 없으셨던 것이다. 다시 말하면 알려 주려고 해도 알려 줘야 할 상대가 없었다는 뜻이다. 그래서 하나님께서는 우주 만물을 창조하신 후에 비로소 사람이 알 수 있도록 우주 만물을 하나님께서 창조하셨다고 선포하셨던 것이다.(창1:1)

마치 어린 아들이 자신이 세상에 나온 것이 너무도 신비해서 엄마에게, "나는 어떻게 해서 세상에 왔어?"라고 물을 수 있는 것과 같은 이치다. 그때 엄마는 어린 아들에게 자세한 설명을 할 필요는 없을 것이다. "너는 엄마가 낳았어."라고 간단하게 대답하는 것과 같은 이치가 아닐까? 그러면 엄마의 그 대답을 듣고 어린 아들이 엄마에게 다시 "엄마, 그건 거짓말이야. 어떻게 엄마가 나를 낳을 수가 있어?"라고 한다면 엄마의 심정이 어떨까?

실제로 오늘날 하나님께서,
"태초에 하나님이 천지를 창조하시니라."고 분명한 대답을 해 주시는데도 그 대답을 거짓말이라고 믿지 않는 사람들이 있지 않는가? 사람의 머리로 이해되지 않는 것이라서 그 신비를 믿지 않으려는 태도이다.

그런데도 세상에는 조금만 관심을 더 가지고 보면 보이는 신비한 일들이 아주 많다. 사람들이 인정하든 인정하지 아니하든, 그 신비가 있기에 우주 만물이 이렇게 있게 되었던 것이다.

그렇다면 그 신비가 어떻게 해서 있게 되었을까?
빅뱅? 진화? 어림도 없는 이야기다. 빅뱅과 진화는 신비라고 할 수가 없다.
신비(神秘)한 것들을 만들 수 있는 방법은 오직 창조뿐이다. 그래서 창조가 바로 신비라는 이야기다.
신비한 창조가 있었기 때문에 그 신비한 세상을 더 관심 있게 보고 연구해서 오늘날 과학이 발달하게 된 것이다.

02
정(情)이 무엇일까

정들면 왜 좋아질까?
정들면 타향도?
정은 짐승들에게도?

자식은 엄마 품에서 엄마의 사랑을 받으며, 엄마의 손길과 체취를 맡으며, 엄마가 물려주는 젖을 빨며, 엄마의 사랑스런 얼굴을 쳐다보면서 정(情)이 들어간다. 그 정(情)은 엄마도, 아기도 함께 들어가는 것이다.

연인끼리의 정은 사랑 때문이겠지. 헤어지면 보고 싶고, 만나면 서로 말없이 쳐다만 보고 있어도 정은 깊이 들어간다.

형제간의 정은 피를 나눠가진 혈육지친이기에, 혹 정을 주지 않으려

해도 이미 갖게 된 혈육의 정이기 때문에 그 정을 끊을 수 없다.

정(情)이 무엇이냐고 물으면 '정(情)은 이것이다' 라고 할 수가 없다. 정(情)이 도대체 무엇이기에 정들면 때로 눈까지도 흐려질까?

정은 사람이나 사물에게서 받은 좋은 감정이 마음에 쌓이고 쌓여서 맺어지고 이어지는 끈끈한 줄이 아닐까. 정은 단순히 좋은 느낌의 감정도 아닐 것이다. 그렇다고 사랑을 정이라 할 수 없고, 은혜도 정이라고 말할 수는 없을 것이다.

그래서인지 정은 사람과의 정만이 아니라 태어난 고향과도 정이 들고, 조국과도 정이 드는 것이다. 때로는 타향도 살다보면 정이 든다고 한다.

정은 사람이 만들어 가진 것일까, 저절로 그런 마음이 생긴 것일까? 정(情)이 하나님을 닮은 사람에게 있는 것을 보면, 분명 사람을 만드신 하나님에게도 정은 있을 것이다.

죄악 된 세상을 완전히 쓸어버리지 않는 것을 보면
그런 죄인들을 구원해서 다시 자기의 백성으로 삼는 것을 보면
더 많은 사람이 구원받을 수 있도록 참고 기다리시는 것을 보면
99마리 양도 중요하지만 1마리 양을 더 귀하게 여기시는 것을 보면
하나님의 정은 사람의 정보다 더 광대하시다 할 수 있을 것이다.

그러나 하나님의 정은 하나님의 사랑과는 좀 다른 것이겠지.
정은 보이지 않으면서도 맺어지고 끌리는 끈끈한 줄이니까.

그러기에 우리 아버지이신 하나님이 사람도 만드시고 정도 만들어
사람 마음에 넣어 주셨던 것이 아닐까? 아버지가 사람에 대한 정이
있는데 그 자녀인 사람에게 정이 없을 수 있겠는가? 당연히 사람에게
도 있는 것이다.

분명한 것은 하나님의 사람을 향한 정은 예수님이 세상에 오신 것으
로 이미 증명이 되었다고 할 수 있다. 사람을 향한 정이 없었다면 어
떻게 자신을 죽음에 내어 주셨겠는가?

하나님의 말씀인 성경에는 정에 관한 기록이 없을까?
"요셉이 아우를 사랑하는 마음이 복받쳐 급히 울 곳을 찾아 안방으로
들어가서 울고 얼굴을 씻고 나와서 그 정을 억제하고 음식을 차리라
하매" (창43:30-31)
이는 요셉이 자신의 동복동생인 베냐민을 보고 복받치는 정(情) 때문
에 울음을 참지 못했다는 기록이다.

"여호와께서 이르시되 네가 수고도 아니하였고 재배도 아니하였고 하룻밤에 났다가 하룻밤에 말라버린 이 박 넝쿨을 아꼈거든 하물며 이 큰 성읍 니느웨에는 좌우를 분변하지 못하는 자가 십이만여 명이요 가축도 많이 있나니 내가 어찌 아끼지 아니하겠느냐 하시니라." (욘4:10-11)

사람이 갖는 정에 비해 하나님의 정이 얼마나 크고 넓은지를 보여주는 말씀이다. 하나님이 사람을 창조하셨으니, 자신이 사랑하는 사람이 죄로 허덕이는 모습을 보시고 정(情) 때문에 끊어버리지 못하시는 모습이다.

마치 부모가 더 약한 자식에게 정을 더 주는 것처럼 하나님도 죄 중에 허덕이는 사람에게 더 정을 주시는 것은 아닌지....... 죄인 된 우리도 그런 하나님께 더 감사하고 더 정을 드려야 하지 않을까.

하나님이신 예수 그리스도께서 직접 인간 구원사역을 하셨던 것이리라. 인간을 향한 그 고귀한 하나님의 정(情)...... 얼마나 큰지 우리도 감사하면서 우리의 정을 하나님께 더 많이 드려야 될 것이다.

03
붕어빵을 낳은 부모의 기쁨

지구촌 70억의 사람 중 닮은 사람이 없어
그런데 나를 닮은 붕어빵이 있어, 와 신비로구나!
내 자녀가 나를 닮듯이 나도 하나님을 닮아야

"너는 완전히 너의 아빠 붕어빵이로구나."
그 소리를 옆에서 듣고 있던 아이 아빠의 얼굴에는 미소가 함박만하다.
"내가 낳은 내 아들이, 내 딸이 내 붕어빵이라니!"
아이가 자신을 꼭 닮았다는 말에 너무도 기분이 좋아서일 것이다. 그런 기분은 자신을 닮은 아들, 딸을 가진 모든 부모의 공통되는 기분이 아니겠는가.

그러면 왜 자식은 부모를 그렇게도 많이 닮아가지고 태어나며, 왜 자식이 부모를 닮은 것이 그렇게도 기분이 좋을까?

세상에는 미인들도 많이 있는데 그런 미인을 닮아 태어났다면 더 기분이 좋을 수도 있지 않았을까?

부모가 자신을 닮은 자녀를 낳고 기분이 좋은 감정은 어떻게 해서 있게 된 것일까?
그런 감정도 우연히 생긴 것일까?
그야 물론 자식이 부모를 닮아 태어나는 것은 유전자 때문이다.

사람도 하나님의 붕어빵

성경은 하나님께서 자신을 닮은 사람을 창조하셨다고 한다.
사람도 하나님의 붕어빵인가? 하나님이 '보시기에 좋았더라' 는 감정을 표현하신 이유가 사람이 하나님을 닮은 붕어빵이기 때문일까?
하나님은 왜 사람이 하나님을 그렇게 닮도록 만드셨을까? 이는 분명 하나님께서 사람을 사랑하시기 때문이 아니겠는가?

하나님은 보시기에 좋은 그의 심정으로, 하나님이 사랑해서 창조한 사람으로 하여금 자식이 부모를 닮도록 설계하셨을 것이 분명하다.

결국 사람이 자신을 닮은 자녀를 낳고 좋아하는 그 좋은 감정의 근본 출처는 우연히 사람에게서 생겨난 것이 아니라, 하나님으로부터 유전되었다고 해야 옳을 것이다.

다시 말하면 자식이 부모의 유전자를 받아 닮는 것처럼, 사람도 하나님의 유전자를 받아 닮게 하셨다는 뜻이다. 하나님이 그렇게 설계하기를 좋아하셨을 것이다.

하나님의 좋은 감정이 우리에게 복을

하나님께서는 자신을 닮은 사람에게 생육하고 번성하라는 복을 주셨다. 마치 자신을 닮은 아들이 그의 부모를 닮은 손자를 많이 낳기를 기대하고 있는 할아버지의 마음과 마찬가지 심정일 것이다.

그래서 우리 하나님께서 사람으로 하여금 생육하고 번성하라는 복을 주셨을 것이다. '붕어빵'을 되도록 많이 만들라고.

그뿐인가? 하나님께서는 사람으로 하여금 땅을 정복하고 만물을 다스릴 수 있는 권한의 복도 주셨다. 자신이 창조한 모든 것을 사랑하는 사람에게 다 주고 싶어서 복을 주시는 하나님의 마음일 것이다.

부모가 사랑하는 아들에게 무엇인들 주고 싶지 않은 것이 있을까? 모두 주고 싶은 부모의 심정, 그것이 바로 하나님의 심정일 것이라는 이야기다.

그렇다면 사람이 가지고 있는 부모와 자식 간의 감정은, 하나님이 주신 것이 분명하다.

그래서인지 우리 하나님은 천지를 창조하시면서 계속 기분이 좋으셨던 것 같다. 자신을 닮은 사랑하는 사람을 위해서 우주 만물을 창조하시는 그 사역 자체가 너무도 좋은 감정이어서 매일 '보시기에 좋았더라' 고 하셨던 것이 아니겠는가?

하나님이 사람을 사랑하시고,
자신을 닮게 하시고, 그렇게도 기분이 좋으셨는데
사람도 하나님이 창조하신 세계에서 살면서 기분 좋은 감정을 가지고 살아야 되지 않겠는가?
내가 하나님을 닮아 태어났고,
나도 나를 닮은 붕어빵을 세상에 태어나게 하고 있으니
하나님이 가지고 계셨던 그 좋은 감정, 우리도 가지고 사는 것이 어떨까.

04
당신도 무슨 느낌이 있는가

느낌이 사라지고 있다면
냄새도 맛도 구별하지 못한다면
노래 소리를 알아듣지 못한다면
그가 바로 나라면?

화단에 꽃이 예쁘게 피었다. 왜 꽃은 예쁠까? 그 아름다운 자태를 누구에게 보여 주려고? 아니면 누굴 유혹하려고? 그렇지 않으면 스스로 뽐내 보려고? 식물이 그런 감정이 있을까? 글쎄.......

여하튼 꽃이 예쁘게 피니까, 벌도 나비도 벌새도 꽃을 향해 날아든다. 꽃이 너무 아름다워서일까? 유혹을 받아서일까? 뽐내는 모습을 보려는 것일까?
이는 분명 꽃도 벌과 나비, 벌새도 서로 통하는 느낌이 있어서일 것이다.

시인이나 화가, 작곡가는 느낌(영감)이 있어야 시나 그림, 작곡을 할 수 있다고 한다. 시인, 화가, 작곡가가 아름다운 꽃과 그 꽃에 날아드는 벌이나 나비를 본다면 아마도 시를 쓰거나 그림을 그리려는 느낌을 갖게 될 것이다.

이처럼 살아있는 것들은 나름대로 자기들만의 느낌이 있는 것 같다.
그 느낌은 식물에게도, 동물에게도, 사람에게도 있다.
그 느낌의 정도와 모양은 다를지라도 분명 느낌이 있는 것은 사실인 것 같다.

식물도 봄에는 어린 싹이 나서 자라며 잎이 피고, 여름에는 무성하게 성장하고, 가을에는 열매를 맺고, 겨울에는 잎이 떨어진다는 것, 이는 식물이 계절을 느끼고 있다는 뜻이다.

또 해바라기는 해를 향해 꽃이 피고, 나무의 뿌리는 물을 찾아 땅 속을 헤매는 것, 이 또한 살아 있는 것들은 생명력이 있기에 나름대로 감각이 있어서 필요한 빛과 물을 찾아 가는 것이 아니겠는가?

약한 동물은 강자가 나타나면 도망을 가야하고, 파리는 자신을 잡으려는 파리채를 잽싸게 피하고, 멀리서도 뜨거운 물체를 어떻게 알았는지 절대 접근하지 않고, 잡힐 것 같은 벼룩은 언제 튀었는지 없어지고, 사자와 호랑이는 먹잇감이 보이면 몸을 낮추어 기어가고, 수백 km 밖에다 버린 개와 고양이는 고생스러워도 주인집을 찾아 돌아온다는 것, 이는 동물들에게도 느낌이 있다는 뜻이다.

저들이 똑똑해서일까? 지혜가 있어서일까? 식물과 동물이 똑똑하거나 지혜가 있을 리가 만무하다. 그렇지 않다면 그런 느낌이 저절로 생긴 것일까? 천만의 말씀이다. 저절로 생긴 것이 그렇게 질서가 있을 리가 없다.
누가 그들에게 그런 감각을 주었을까, 생각해 보라. 참으로 신비한 일이 아닌가?

사람은 눈으로 보며, 귀로 들으며, 코로 냄새를 맡으며, 입으로 먹으며, 손으로 만져 보면서 느낀다. 사람에게 그런 느낌이 없다면 사람의 삶이 어떤 모습일까? 그런 느낌이 있으니 우리의 삶이 풍요로운 것 아닐까?

그런 느낌이 어떻게 우리에게 있게 된 것일까? 사람이 똑똑해서, 지혜가 있어서, 저절로? 아니다. 한번 깊이 생각해 보라.
이는 분명 하나님께서 주신 것이다.

하나님께서 사람에게 느낄 수 있는 감각을 주시지 않았다면 내 모습이 지금 어떤 모습일까?

내가 눈으로 본 물체들의 색이 구별이 안 된다면
내가 보고 있는 상대방의 움직이는 속도가 구별이 안 된다면
귀가 있어도 어떤 소리가 들리지도 느끼지도 못한다면
코로 냄새를 맡아 보려고 해도 전혀 냄새를 맡을 수 없다면
입으로 음식을 먹어도 달아야 될 것이 쓰고, 써야 할 것이 달다면
손으로 만져보아도 무엇인지 구별이 되지 않는다면
피부의 감각으로 뜨거운 것도 아픈 고통도 느낄 수 없다면
그 얼마나 답답할까. 그러니 감각이 있다는 것, 얼마나 감사한 일인가?

때론 부분적이나마 느낌이 없는 사람이 있을 수 있다. 그 여러 기관
중에 한 기관만 느낌이 정상적이 아니라도 그 얼마나 견디기 어려운
고통일까?
혹 시력을 잃을 때, 청력을 잃을 때, 피부에 감각을 잃을 때, 부분적으
로나 전신적으로나 마비가 될 때, 늙어서 감각이 퇴화될 때 등.......

분명한 것은 하나님께서 생명과 감각을 함께 주셨다는 사실이다.
그 감각으로 당신이 지금도 느끼고 있다면 감각을 주신 분에게 감사
해야 되지 않을까.
그 느낌은 당신이 스스로 만들어 가진 물건이 아니기 때문이다.

05
당신은 스스로 거듭날 수 있는가

생명은 스스로 갖는 것이 아니다
주어져서 태어나는 것이다
초생도 중생도, 그래서 은혜다

거듭났다(重生)는 뜻은 세상에 한 번 출생해서 살다가 그대로 수명을 끝내는 것이 아니다. 거듭나는 것은 출생을 '두 번째' 했다는 뜻이다. '거듭났다' 는 사람에게는 거듭나기 이전에 이미 한 번 났었다는 의미가 있다.
한 번 태어나지 않은 사람은 거듭날 수가 없기 때문이다.

예수 믿고 거듭나서 천국에 갈 소망이 있는 사람이라면 초생(初生), 즉 이미 한 번 났었다는 사실에도 관심을 가져야 한다.

왜냐하면 육신의 생명이 태어나는 일(初生)이 없었다면 거듭나는 일
(重生)도 있을 수 없으니까.

우리가 천국에 갈 믿음의 기초가 예수의 이름을 영접하고, 죄를 회개
하고, 거듭나고, 구원의 확신을 갖는 것뿐만 아니라 그 이전에 육신의
생명이 어떻게 태어났었는가를 아는 것도 역시 믿음의 기초가 되는
것이다.
생명이 이미 났었다는 사실을 믿지 않고, 거듭날 때의 믿음만을 기초
로 한다면 그 믿음은 공중에 떠 있는 믿음이 될 수도 있을 것이다.

거듭난 자의 진정한 믿음의 기초는 나를 만들어 주신 하나님을 먼저
알고, 그 하나님이 나를 구원하시기 위해 예수 그리스도를 보내신 하
나님이라는 사실을 알고 믿는 것이다.

거듭난다는 뜻이 과연 무엇일까?
초생과 중생(거듭남)이 어떻게 다른 것일까?
거듭나는 것을 알기 위해서 먼저 자신이 어떻게 세상에 태어났는지
에 관심을 가지고 생각해 봐야 한다.

사람이 태어나기 위해서는, 정자가 난자를 찾아가 난자 속으로 들어가면 난자가 정자를 받아 들여 수정이 되어서 수정란이 된다. 그 수정란은 생명을 가지고 태어날 육체가 되는 첫 출발이라 할 수 있다.

그 수정란이 바로 사람이라는 뜻이다.

수정되는 그 순간부터 모태에서 10개월 동안을 온전한 사람으로 자라야 육체의 삶을 위해 세상으로 태어나는 것이다. 그것이 초산이다.

거듭나는 것도 육체를 가진 사람이 태어나는 초산과 같은 이치이다.

사람은 모태로부터 육신을 입고 태어났지만 그 유전자에는 죄성(罪性)이 있다.

그러기 때문에 거듭나기 위해서는 죄성이 없는 새로운 씨를 받아야 된다.

그 씨가 바로 복음(福音)이다. 그 씨가 마음 밭에 떨어져 싹이 나는(수정되는) 그 순간부터 이 세상에서 하나님이 부르시기 전까지 새로 거듭난 피조물로 살다 가는 것이다.

즉 사람의 육체는 정자를 받지 않으면 이 세상에 태어날 수가 없다.

죄성이 있는 사람은 복음과 성령을 받지 않으면 거듭날 수가 없다.

다시 말하면 초생도 중생도 외부로부터 무엇인가를 받아야 된다는 이야기다. 초생은 정자를 받아야 하고, 중생은 복음과 함께 성령을 받아야 된다.

그러면 어떻게 성령을 받을 수 있을까?

난자가 정자를 받을 때 단지 정자라는 '씨' 만을 받는 것이 아니다. 사람에게 필요한 모든 정보(유전자)를 가지고 있는 '씨' 를 받는 것이다.

마찬가지로 사람이 복음을 받을 때도 거듭나기 위해서 새 생명이 되는 모든 정보를 받아야 되는 것이다. 그 하늘의 정보가 곧 하나님의 말씀이요, 말씀으로 오신 말씀의 하나님 예수 그리스도이다.

결과적으로 초생이든 중생이든 그 원리는 하나님의 창조원리와 같다. "하나님이 흙으로 사람을 지으시고 생기를 코에 불어 넣으시니 사람이 생령이 된지라."

초생도, 중생도 생명을 받아야만 태어난다. 흙으로만 지어진 사람도 완전한 사람이 아니고, 죄성이 있는 육신을 가지고 있는 사람도 영원한 생명을 얻은 완전한 사람이라 할 수 없다.

초생은 육신의 생명을 받아야 하고, 중생은 영적 생명을 받아야 한다. 육신의 생명을 가지고 살던 자가 영적 생명을 받는 것이 바로 중생이다. 당신이 거듭났다면 당신 속에 예수 그리스도의 영(성령)이 있다는 뜻이다.

06
하나님을 왜 아버지라고 하나

자식이 아버지를 닮는다는 것은 신비다
자식이 아버지를 닮는다는 것은 유전이다
자식이 아버지를 닮는다는 것은 과학이다
인간은 하나님 아버지를 닮아야 한다

사람에게는 다른 동물들에게서 볼 수 없는 특별한 속성(본질적 성품)들이 있다. 예를 들어 지혜라든가 지식이라든가, 그리고 선, 사랑, 자비, 의, 질서 등이다. 그래서 사람을 인격체(인격을 가진 존재)라고 한다.

그런 속성을 누구에게서 받았을까?

두말할 것도 없이 우리를 낳아 주신 아버지(부모)로부터 받은 것이다.
아버지의 유전자를 받아 태어났기 때문일 것이다.
그래서 자식은 아버지를 닮게 되고, 자신을 낳아 주신 그분을 아버지
라고 부르는 것이다.

자식은 아버지를 닮는다

아버지란 나로 하여금 아버지를 닮아 세상에 태어나도록 피를 나눠주
신 분이고, 유전자를 유전시켜서 나를 생명으로 탄생하게 한 분이다.
그렇다고 아버지가 자신의 유전자를 아들에게 주고 싶어서 주어진
것도 아니고, 아들이 아버지의 유전자를 받고 싶다고 해서 받아진 것
도 아니다.

그런데도 세상 사람들이 그 아들을 보고 아버지를 빼 닮았다, 피는 못
속인다, '아버지 핏줄이다'라고 한다. 아버지의 뜻으로 자식이 출생

한 것도 아니고, 아들의 뜻으로 세상에 온 것이 아닌데도 말이다.

만약 아버지를 닮지 않았거나 핏줄(혈통)이 의심이 될 때면 어떻게 하는가? 유전자(DNA)검사를 한다.
왜냐하면 DNA검사를 하게 되면 아버지의 아들이라는 사실을 확인할 수 있을 테니까. 아들이 아버지의 유전자를 받았다면 아버지를 닮게 마련이기 때문이다.
아들이 아버지를 닮는다는 사실은 참으로 신비한 일이지만, 과학이 유전자의 유전현상을 인정하니까, 아들이 아버지를 닮았다고 유전자 검사에 의해서 증명하는 것은 곧 과학이라 할 수 있다.

사람이 하나님을 닮았으니
하나님은 아버지시다

성경은 하나님이 자기를 닮은 사람을 창조하셨다고 선포하고 있다.
하나님의 형상을 닮았다는 뜻은 사람이 하나님의 속성(본질적 성품)을 받았다는 뜻일 것이다. 하나님의 속성을 받아 닮았다면 사람이 하나님의 유전자를 받았다는 뜻이 아니겠는가?

사람이 하나님을 닮았다는 사실도 참으로 신비한 일이지만, 그도 역시 과학임에 틀림이 없을 것이다. 사람이 하나님을 닮았다고 하면 그것도 유전현상이라 생각이 될 수 있으니까.

그러면 사람으로 하여금 하나님을 닮도록 하신 하나님의 속성이 무엇일까?

그 하나님의 속성은 사람의 속성과는 어떻게 다른가?

하나님의 속성에는 사람이 하나님을 닮아서 하나님과 함께 가질 수 있는 속성(공유적 성품)이 있고, 사람이기에 하나님의 속성을 가질 수 없는 속성이 있다.

사랑과 지식 같은 속성은 하나님과 사람이 공유할 수 있는 속성이 분명하다. 그러나 전지전능한 하나님의 신성은 사람이 가질 수 없는 비공유적 속성이라 할 수 있다. 예를 들면 하나님의 영원성, 하나님의 무소부재 등등.

하지만 하나님과 공유할 수 있는 속성마저도 전능한 하나님의 속성과는 엄청난 차이가 있을 수밖에 없다. 사람은 연약하고 한계가 있는 존재이기 때문이다. 하나님의 사랑과 지식을 어찌 사람이 가진 것과 비할 수 있겠는가?

그러나 비록 제한적이지만, 그러한 속성을 아들에게 유전시킨 육신의 아버지가 바로 나의 아버지라고 한다면, 하나님의 속성을 하나님 자신이 혼자만 소유하고 계신 것이 아니라, 하나님이 사람에게 유전시켰다면 하나님도 우리의 아버지가 아니겠는가?

자신을 닮은 사람을 세상에 탄생케 했으니 육신의 아버지를 닮게 한 아버지도 나의 아버지요, 영적인 아버지를 닮게 하신 아버지도 나의 아버지임에 틀림이 없다. 그래서 우리는 하나님을 나의 아버지라고 부를 수 있는 것이다.

또 분명한 것은 내 육신의 아버지가 나에게 속성(성품)을 유전시킬 수 있었다는 사실은 아버지가 생명이 있었기 때문이라는 사실이다. 왜냐하면 유전자에도 역시 생명이 있기 때문이다. 생명체라야 생명을 낳을 수 있기 때문이라는 이야기다.

마찬가지로 우리를 창조하신 하나님이 우리에게 하나님의 속성을 공유하도록 하시고 하나님의 형상을 닮게 할 수 있었던 것은 하나님이 살아 계시기 때문이다.

우리가 아무리 하나님을 나의 주인으로 또는 아버지로 섬기고 있다고 할지라도 하나님에게 생명이 없으시다면, 우리로 하여금 생명을 가진 인격체로 만들지 못하셨을 것이라는 이야기다. 생명만이 생명을 낳을 수 있으니까.

바로 그 아버지 하나님이 지금도 살아 계셔서 우주의 생명과 사람의 생명을 주관하고 계시는 것이다.
그분이 바로 우리가 아버지라 부르는 하나님 아버지, 자랑스럽고 영광스러운 우리 하나님 아버지시다.
마땅히 그 아버지께 영광을 돌려야 하지 않겠는가?

"너는 내 형제들에게 가서 이르되 내가 내 아버지 곧 너희 아버지 내 하나님 곧 너희 하나님께로 올라간다 하라." (요20:17)

07
사람은 왜 소유욕이 있을까

무엇이 그렇게도 갖고 싶을까?
그거 다 흙으로 만든 것인데
떠날 때는 놓고 흙으로 돌아가야 하는데

사람은 세상에 올 때 아무것도 가진 것이 없이 빈손으로 온다.
빈손으로 왔기에 세상 떠날 때 또한 빈손으로 가야만 하는 것이 인생
의 길이다.
그래서인지 손을 오그리고 왔던 아기가 돌아갈 때는 손을 펴고 죽는
다고 한다.

공수래공수거(空手來空手去)라 하지 않았던가?

빈손으로 왔다가 빈손으로 가야만 하는 여행객, 세상에 영원히 머물
수 없기에 돌아가야만 하는 잠시 지나가는 나그네일 뿐이다.
그런데도 사람은 세상에 있는 동안 무엇인가 가지려고 노력을 한다.

세상에 가면 무엇이든지 가져야 된다고, 어느 누구에게 미리 배워가
지고 세상에 온 것도 아닌데. 내 뜻으로 온 것도 아니고, 단지 부모님
이 낳아 주셔서 빈손으로 왔을 뿐인데도 말이다.

빈손으로 왔다가 빈손으로 가야 하는 존재

무엇이 그렇게도 갖고 싶을까?
그런 마음이라면 세상에 올 때, 혹 무엇인가 가지고 온 것은 있지 않
았을까?
혈통을 따라 출생했다고 하니, 부모님이 나누어 주신 피, 그리고 유

전자?

허나 그 피와 유전자도 다시 후손에게 물려주고 빈손 그대로 떠나야
된다.

그런데 사람이 자라면서 누구로부터도 배운 일이 없는데도, 함께 자
라가는 것이 있다면 그것이 바로 소유욕이 아닐까?

무엇이든 가지려고 하는 그 마음.

그런 마음 때문에 아기들이 한 돌이 되면, 아기들 앞에 여러 가지 물
건을 놓아주고 무엇을 먼저 잡아 갖는지 지켜보는 것이 아니겠는가?

아기의 소유욕이 어떠한가를 알아보려고?

사람이 세상에서 소유해야 될 것들이 무엇이 있을까?

하나님이 창조하신 만물에는 흙으로 만드신 물건들뿐인데, 땅이든
재산이든 귀중품이든, 심지어 식물도 동물도 다 흙으로 만든 것이 아
니겠는가?

그렇다면 사람이 소유하려고 노력하는 것이 오직 그 흙뿐일까?

흙이라면 내가 가지고 올 수도 없었고, 또한 내가 가지고 돌아갈 수도
없는 것, 왜냐하면 우리가 흙에서 취해졌다가 흙으로 돌아가야만 하
는 존재이니까, '공수래공수거' 일 수밖에.......

그 흙으로는 내 소유욕을 만족하게 채울 수 없을 것이다.

그런데도 사람은 무엇인가 더 좋은 것들을 소유하려고 노력을 한다.

돈, 명예, 권력, 학문, 기술, 이는 모두가 사람이 만든 것들이 아닌가?

하나님이 허락해 주신 권위를 이용해서.

그런 것들이야 모두 사람이 만들어 소유할 수 있는 것들이니 사람이

가지고 돌아갈 수 있을까?

혹 하나님이 허락하신다면?

그것도 역시 가지고 돌아가는 사람이 없다.

가지고 가겠다고 고집도 못하고 가기 싫다고 물러서지도 못한다.

돌아간 뒤에 남은 것을 보면 오직 그 사람의 이름밖에.

이 땅의 모든 것이 내 소유가 될 수 없으니까.

사람에게 왜 소유욕이 있을까

왜 사람이 그렇게도 소유욕이 많을까?

'공수래공수거' 라는 답과 결과가 분명한데도.

그렇지만 그 소유욕은 분명 사람을 창조하신 하나님이 사람에게 주
신 특권이고 복일 수도 있을 것이다.

하나님께서 사람을 창조하실 때 무엇이라 하셨던가?

"하나님이 자기 형상 곧 하나님의 형상대로 사람을 창조하시되 남자
와 여자를 창조하시고, 하나님이 그들에게 복을 주시며 하나님이 그

들에게 이르시되 생육하고 번성하여 땅에 충만하라. 땅을 정복하라.
바다의 물고기와 하늘의 새와 땅에 움직이는 모든 생물을 다스리라
하시니라."

무슨 뜻일까?
하나님이 사람에게 복을 주신다는 말씀이 분명하다.

그 복이 무엇인가?
생육하고, 번성하고, 땅에 충만하고, 땅을 정복하고, 모든 생물을 다
스리라는 것이다. 그보다 더 큰 복이 어디 더 있겠는가?
그 말씀 중에는 분명 소유의 뜻이 담겨 있다.

그것이 바로 하나님께서 사람을 사랑하셨기에 주신 복이고, 그 복
들을 누리려고 하는 사람의 마음이 바로 소유욕의 근원이 아니겠
는가?
그것은 분명 하나님께서 사람에게만 주신 특권일 것이다.

그래서 사람에게 소유욕이 있다는 것, 그것은 지극히 타당한 마음이
아닐는지. 그러나 그 소유도 하나님이 부르실 때는 미련을 두지 말아
야 한다.
우리는 이 땅에 잠시 왔다 가는 나그네니까.

"네가 흙으로 돌아갈 때까지 얼굴에 땀을 흘려야 먹을 것을 먹으리니 네가 그것에서 취함을 입었음이라. 너는 흙이니 흙으로 돌아갈 것이니라 하시니라."

08
인생의 목적이 죽음일까 생명일까

인생의 목적이 생명인 것은 세상의 아름다움에 있다
인생의 목적이 영원에 있음은 영원을 사모함에 있다
인생의 목적이 하나님 손에 있음은 한치 앞도 모르기 때문

사람이 세상에 올 때에는 아무것도 모르는 핏덩어리 상태로 온다.
자기 의지로 오는 것도 아니고, 자기 능력으로 오는 것도 아니다.
사람이 그렇게 세상에 온 후 시간이 지나면서, 먹고 자라고 배우고 하
면서 각자 나름대로 지식도 갖게 되고, 목적도 생기는 것 같다. 하지
만 사람은 각자 자기가 갖게 된 그 지식과 목적을 가지고 살아가게 마
련이다.

헌데 사람들이 각자 가지고 사는 그 목적이 진정한 인생의 목적이라
고 할 수는 있을까?

그 목적이 진정한 인생의 목적이라면 각자가 가진 그 목적을 스스로 성취할 수 있어야 할 것이다. 그리고 그 목적에 도달하는 사람도 있어야 될 것이다.

그런데 아직 아무도 그 목적에 도달한 사람을 볼 수가 없다.

모든 사람은 자신의 능력으로 목적에 도달할 수 있는 것이 아니라, 결국 늙어 자신의 목적이나 의지와는 상관없이 죽음에 이르기 때문이다.

그렇다면 인생의 목적이 죽음이라고 정의하는 것이 맞는 말이 아니겠는가?

그렇게 생각이 될 수도 있을 것이다. 그럴지라도 사람은 살려고 세상에 온 것이지 죽음을 목적으로 정하고 세상에 온 것은 아니기 때문이다.

인생의 목적이 죽음이라면 세상의 법과 질서를 지키면서 어렵게 살아야 할 이유가 있을까?

짐승처럼 마음에 내키는 대로 자유롭게 살아도 되지 않을까?

왜 사람은 윤리 도덕을 지키며, 내일의 희망을 가지고 학업과 소유를 늘리려고 그렇게도 노력을 하면서 살아야 할까?

내일 무슨 일이 일어날지 모르면서.

하지만 세상이 이렇게 아름답게 창조된 것을 보면, 하나님께서 인생의 목적이 죽음이 되도록 세상과 사람을 창조하신 것이 아니라, 생명을 위해 창조하셨을 것이라는 생각이 든다.

사람을 사랑하셔서 하나님 자신을 닮은 존재로 만드시고, 사람을 위해 세상을 아름답게 만드셨다면, 사람에게 생명을 목적으로 삼고 살도록 하셨음이 분명하다는 이야기다.

그렇다면 인생에 왜 죽음이라는 것이 있을까?
그 이유를 모르는데도, 사람은 죽음을 향해 가고 있고 또한 내일의 소망을 가지고 살아가고 있다.
왜일까? 사람은 그 잠재의식 속에 '내일' 이라는 것이 있기 때문이다.
그렇다면 누가 사람에게 그 '내일' 에 대한 소망을 주었을까?

성경은 "하나님이 모든 것을 지으시되 때를 따라 아름답게 하셨고 또 사람들에게는 영원을 사모하는 마음을 주셨느니라." 고 하였다.

생명을 위해 아름다운 세상을 만들어 주신 하나님이 아름다운 세상에서 죽음으로 끝나게 하시려는 뜻이 아니라, 영원한 미래를 사모하면서 살도록 하셨다는 뜻이다. 현재가 아니라 '내일' 을, 이 곳이 아니라 또 다른 곳을 그리워하며 살도록 하셨다는 뜻도 되는 것이다.

그렇다면 사람이 '내일' 에 대한 희망을 가질 수 있도록, 하나님이 사람에게 영원을 사모하게 하신 이유가 무엇일까?

하나님께서 사람에게 영원에 대한 소망을 주셨다면 인생의 목적은 이 세상에 있는 것이 아니라 영원에 있다는 뜻일 것이다. 사람이 사모하는 그 영원에는 하나님이 준비하신 영생과 천국이 있기 때문이다.

허면 하나님께서는 사람에게 영원을 사모하면서 살도록 하시면서 왜 사람으로 하여금 한치 앞도 모르게 하셨을까?

성경의 대답은 단호하고 확실하다.
"하나님이 하시는 일의 시종을 사람으로 측량할 수 없게 하셨도다."
라고.
하나님이 하시는 일을 사람이 알아야할 이유도, 필요도 없다는 뜻이다.

그래서 사람은 내일 무슨 일이 일어날지 모르면서도 희망을 가지고 살게 되어 있는 것이다.
그것이 세상에 많은 신비(神秘)가 있는 이유도 될 것이다.
또한 인생의 목적은 피조물인 인간의 의지와 능력에 있는 것이 아니라, 시종을 사람으로 측량할 수 없게 하신 하나님의 손에 달려 있다는 뜻이다.

09
피가 왜 생명일까

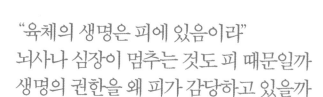

"육체의 생명은 피에 있음이라"
뇌사나 심장이 멈추는 것도 피 때문일까
생명의 권한을 왜 피가 감당하고 있을까

지금 이 시간에도 우리는 생명이 있기 때문에 살아 활동하고 있다.
그런데도 '생명이 무엇이냐?'고 물으면 생명이 무엇인지 대답하기
가 궁색하다. 생명이 무엇인지 모르기 때문이다.
문명이 이렇게 발달한 시대에 사는 우리가 아직도 생명이 무엇인지
모르는데 3,500여 년 전에 쓰인 성경을 통해 하나님께서는 생명을
'피'라고 말씀을 하시고 있다.

왜 생명이 '피'일까?

사람의 뇌사 상태가 사망이라고 한다면 생명이 뇌에 있다는 뜻이 아
닐까?
심장의 박동이 멈췄을 때, 사람이 사망했다고 한다면 생명이 심장과
관계가 있는 것은 아닐까?
사람이 호흡이 끊어진 것으로 죽음을 판단할 수 있다면 생명이 호흡
과 관계가 있는 것은 아닐까 하는 의문이 생긴다.

뇌나 심장, 아니면 폐에게 생명의 권한을 주지 않고, 왜 '피'가 생명
이 되도록 하셨을까? 물론 창조주 하나님의 계획이고, 말씀이니까 그
말씀이 정답일 터이지만 말이다.

하나님께서 정답을 주셨는데도 많은 사람들이 생명이 무엇인지 그
답을 찾으려고 노력하고 있는 것만은 사실이다.
어떤 사람은 생명현상은 세포가 자기 복제를 하는 것이라고 한다.
어떤 사람은 생명체는 모두 유전자를 가지고 있기 때문에 생명을 유
전자에서 찾으려고 한다.

또 다른 사람은 생명체는 물질대사를 하고, 번식을 하며, 조직화 되어 있다고 하며, 생명체는 환경에 적응하는 능력이 있다고 하는 사람도 있다.

생명이 무엇인지 찾아 헤매는 노력이야 어찌 되었든, 그런 현상들은 생명에 대한 정의는 아닐 것이다. 다만 생명이 활동하는 현상을 말하고 있는 것뿐이다.

지구상에 살아있는 존재들은 모두 생명체일까?

식물도, 동물도, 사람도?

하나님이 말씀하신 대로 피가 생명이라고 한다면, 살아 있는 모든 식물과 동물이 다 생명체라고 할 수는 없을 것이다.

왜냐하면 식물에게는 피가 없으니까. 식물에게는 피가 없고 물만 있다.

그래서 식물은 생명체라고 할 수 없을 것이다.

하나님이 정의하신 말씀에 의하면 식물은 살아 있으나 생명체라고 할 수 없다는 뜻이다.

오직 동물과 사람에게는 피가 있으니 피가 있는 동물이나 사람만이 생명체라고 할 수 있다는 이야기다.

그러나 일반 동물이나 사람은 우리 모두가 다 아는 대로 똑같은 존재라고 할 수가 없다. 사람은 동물과 너무 다르기 때문이다.

그러면 어떻게 구별하는 것이 좋을까?

그 구별은 한자(漢字)가 잘 구별해 주고 있는 것 같다.

식물은 살아(生) 있으나 명(命)이 없기에 생명체라 할 수 없어 생물(生物)이고 동물은 살아(生) 있기도 하고 명(命)도 있어서 생명체(生命體)라 할 수 있다.

사람은 살아(生) 있기도 하고 명(命)도 있으며 하나님께서 특별히 생기(生氣)를 불어 넣어 주셨기에 생명인 동시에 영적 생명체라 할 수 있다는 이야기다.

하나님께서 피를 생명이라고 하신 뜻은 육체의 생명이 피에 있음은 물론이요, 우리의 죄를 속량해 주시기 위해서 설계하신 것이 아닐까?

우리의 생명이 피에 있기에 예수님이 오시기 전에는 동물의 피로 죄를 씻도록 하셨고, 우리의 죄를 완전하게 속량하시기 위해서는 예수님이 오셔서 죄가 없는 예수님의 피로 우리 죄를 대신 갚아 주신 것이 아닐까?

그래서 우리는 하나님께 갚을 수 없는 은혜를 입고 있는 것이다.
생명을 주신 것도 은혜요, 죄를 속죄하신 것도 은혜이기 때문이다.

10
이름으로 시작된 언어문화

사람이 세상에 나와
제일 먼저 배워서 부르는 이름, 엄마
얼마나 사랑스러운 이름인가
내 이름에도 그 뜻을 담아야 한다

사람은 무슨 말을 제일 먼저 배워서 할까?

아마도 '엄마' 일 것이다. 사람이기에 자신을 낳아 주신 엄마를 제일
먼저 만나 엄마의 사랑을 받으며 자라기 때문이다.

그의 이름 '엄마' 얼마나 사랑스러운 이름인가?

이 세상에서 하나님의 사랑을 제일 많이 닮았다는 사람의 이름이 바
로 '엄마' 다. 사람은 사랑이 담긴 이 '엄마' 라는 이름을 부르기 시작

하면서부터 말을 배워가는 것 같다. 그래서인지 아기들은 엄마로부터 아기라는 이름을 먼저 받고 또 자라면서 여러 가지 이름을 배워가는 것 아니겠는가?

사람은 무슨 말을 제일 먼저 배울까

성경에 보아도 하나님께서 "하나님의 모양대로 사람을 지으시되 남자와 여자를 창조하셨다. 그들이 창조되던 날에 하나님이 그들에게 복을 주시고 그들의 이름을 '사람' 이라 일컬으셨더라." 고 하셨다.

하나님께서도 자신의 모양대로 사람을 지으셨는데 어찌 사랑스럽지 않았겠는가? 그래서 사람이란 이름을 먼저 지어 주셨을 것이다.
그 후 하나님께서 각종 짐승과 새를 지으시고 아담이 어떻게 이름을 짓나 보셨다고 했다. 하나님께서 아담에게 이름을 짓는 사역을 먼저 주신 것이다.

이는 인류에게 언어문화가 생긴 것이 이름으로부터 시작되었다는 뜻일 것이다. 사람에게 언어와 문자를 주셨다는 것이 얼마나 큰 복인가?

만약 사람에게 언어를 주시지 않았어도 지금과 같은 문명이 가능했을까? 그것은 상상할 필요조차도 없을 것이다.

언어와 문자가 없으면 짐승과 다른 점이 무엇이겠는가?
언어와 문자가 있기에 오늘 우리 인류는 이렇게 문명의 혜택을 누리고 사는 것이다. 하나님이 그 문자와 언어를 사람에게만 주셨기 때문이다.

세상에는 이름을 갖지 않은 것이 없다

세상 모든 물체와 사건에 이름이 없는 것은 하나도 없다. 물건도, 식물도, 동물도, 사람도, 심지어 보이지 않는 것들도, 어떤 사건들도, 모두 이름을 가지고 있다.
이름이 없다면 어떤 계획도, 설계도, 문명의 산물도 만들어 낼 수가 없었을 것이다.

어떻게 그런 이름들이 붙여지기 시작했을까?
성경을 보면 하나님께서 말씀하시기를 '빛'이 있으라 하시니 '빛'이 있었다고 하였다.

무슨 말씀인가? 하나님께서 '빛'을 창조하심과 동시에 그에게 이름을 '빛'이라고 붙여 주셨다는 뜻이다.

하나님께서 최초로 이름을 지어 부르신 것이 '빛'이었다는 뜻이다.

다시 말하면 하나님께서 어느 것이든지 창조를 하시지 않았다면 이름이 붙여질 이유가 없다는 뜻이다. 세상 모든 만물이 창조되었기에 이름도 창조물마다 붙여진 것이다. 그러니까 인류의 언어와 문명은 창조 때부터 시작이 된 것이라 할 수 있을 것이다.

하나님께서는 세상 어떤 짐승(영장류)에게도 이름을 지어 부를 수 있는 능력을 주시지 않았다. 어떤 짐승에게도 말할 수 있는 능력을 주시지 않았다는 뜻이다.

하나님은 오직 인간만이 이름을 부르며 말을 배우고 문명을 발전시킬 수 있도록 하셨다.

그것은 하나님의 설계인 동시에 사람을 향한 하나님의 사랑인 것이다.

이름에는 뜻이 담겨 있기에 바르게 사용되어야 한다

이 세상 모든 사람이 이름을 가지고 있다.

사람들은 혹 자신의 이름에 뜻이 없다고 생각할 수 있지만 살아가면서 자신도 모르게 뜻을 만들어 담아간다. 그 뜻은 그의 성품이 될 수도 있고, 그의 선행이 될 수도 있고, 그의 학문이 될 수도 있으며, 그의 명예와 권력이 될 수도 있을 것이다.

예를 들어 이순신은 처음에는 뜻이 없었다고 생각할 수 있었을 것이다. 그러나 이순신은 한국 역사에서 애국을 한 장군이요, 한일 해상 전투에서 승리한 장군이라는 뜻을 담았다.

아담은 자신의 이름의 뜻을 알았든 몰랐든 그 뜻은 사람이다. 하나님께서 사람이라는 뜻으로 아담의 이름을 지어주셨기에 그는 인류의 첫 사람이 된 것이다.

아브람도 자신의 이름의 뜻을 알았든 몰랐든 큰아버지라는 뜻을 가지고 있었다. 하나님께서 아브람을 믿음의 조상으로 만드시기를 원하셨다. 그래서 하나님의 마음에 그 뜻이 합당치 않다고 생각하셨는지 열국의 아버지라는 뜻을 가진 아브라함이라는 이름으로 바꿔주셨다.

성경에도 그 외에 수많은 사람들의 이름이 나타난다. 그들은 이 세상에 사는 동안에도 자신의 이름으로 살아가야만 하고, 하나님이 천국으로 부르실 때에는 그 이름으로 부르셨을 것이다.

아브라함, 모세, 다윗, 베드로, 바울 등.......
이름이 그만큼 중요하기에 좋은 뜻을 담아가며 살아가야 될 것이다.

하나님이 기쁘게 부르실 수 있도록 내 이름에도 하나님이 주시는 뜻
을 담아야 되지 않을까.

잘 생각해도 신비

11
착각으로 사는 똑똑한 인간

네 지혜와 네 지식이 너를 유혹하고 있구나
네 마음에 이르기를 '나뿐이라 나 외에 다른 이가 없다'
똑똑하다고 생각하는 그것이 바로 착각이야

우주 만물 중에 사람처럼 똑똑한 존재는 분명 없는 것 같다. 세상에
어떤 영장류가 사람처럼 지혜롭게 생각을 하고, 정확한 판단을 할 수
있겠는가?
사람은 자신의 삶을 계획하고 설계하기도 하고, 사건 상황을 판단하
기도 하고, 미래를 예측하기도 한다.
오늘날 첨단문명의 혜택을 누리며 살 수 있는 것도 역시 인간이 똑똑

해서 얻어진 결과인 것만은 사실이다.

그렇게 똑똑한데도 사람은 모르는 것이 너무도 많은 것 같다.
문제는 모르면서도 아는 척한다는 사실이다. 착각을 하면서도 착각
을 하는 줄도 모르고, 모든 세상 일이 자기 생각대로이고, 자기 생각
이 꽤 훌륭한 줄 알고 산다는 이야기다.

사람은 태어날 때부터 짐승이 아닌 사람으로 태어난다.
분명한 것은 태어날 때 어떤 동물보다도 무능한 존재로 태어난다는
사실이다.
세상에 새로 태어나는 모든 갓난 동물들은 사람으로 태어나는 아기
보다 기능적으로 훨씬 유능하다. 동물들은 알을 통해서 태어나든지,
모체의 태에서 태어나든지 태어나자마자 스스로 움직이며 살아갈 준
비가 되어 있다.

그런데 똑똑한 사람은 모태에서 태어나도 스스로는 살아갈 준비가
되어 있지 못하다. 스스로 앉지도 못하고, 서지도 못하고, 기어 다니
지도 못한다.

어머니가 먹여줘야 먹고 눕혀줘야 눕는다. 그렇게 무능하게 태어나는 것이 사람이다.

사람이 자신의 생명을 스스로 가질 수 있는가?
아니다. 그런데도 사람은 생명을 자기의 생명인 줄 알고 살아간다.
착각이다. 만약 생명이 자기 것이라면 누구도 그의 생명을 빼앗아 갈 수가 없을 것이다. 자기 생명이 자신의 소유라면 자신의 뜻으로 천 년인들 살지 못할 이유가 있겠는가?

그런데도 자신이 세상에 있는 것이 마치 자기 능력인 줄 알고 있다는 것이다.
자신이 어떻게 생명을 얻었는지, 왜 세상에 사는지 모르면서도 말이다. 부와 명예와 권력이 자기가 똑똑해서 만들어 가진 것처럼, 마치 자기 소유인 것처럼 생각을 한다. 사실은 그 모든 것이 영원한 내 소유가 될 수 없는데도 말이다. 내 것인 줄 아는 것, 그 생각이 결국은 착각이다.

지구의 나이를 '억'이라 생각하는 것은 착각이다

많은 사람들이 지구의 나이를 말할 때 숫자에 '억'을 붙인다. 그것도 두 자리나 세 자리 숫자에다 '억'을 붙이기를 좋아한다.
자신의 생명조차 무엇인지, 어떻게 얻었는지, 생명체가 언제부터 존재하는지도 모르는 사람이 지구의 나이만큼은 잘 아는 것처럼 '억'이라 생각하는 것은 착각이다.

그 '억' 이라는 숫자는 역사가가 발견했는가?

고고학자가 발굴해서 얻어진 것인가?

아무도 발견했거나 증명된 일이 없는 숫자다. 그 숫자는 그 사람만 착각하고 있는 숫자가 아니라, 많은 다른 사람에게도 착각하도록 만드는 숫자다.

왜 사람이 그런 착각에서 살고 있을까? 이는 아마도 똑똑한 사람들이 우주 만물이 자연적으로 생성되었다고 믿는데서 오는 생각 때문일 것이다.

물론 그도 착각이다. 물질은 자연적으로 생성될 수 없기 때문이다.

사람에게 착각 아닌 것이 있다

사람에게 착각 아닌 것이 있다. 사람이 물질은 자연적으로 생성될 수 없다고 하는 사실을 인정한다면, 만물을 하나님이 창조하셨다는 사실을 믿어야 한다. 영원과 그 영원을 사모하며 살았던 사람에게 소망이 있음도 믿어야 한다.

우리의 착각은 다 없어져도 우리가 소망하고 있는 그 영원은 하나님이 분명히 약속하신 것이다. 그러나 그 소망도 내가 노력해서 얻어진 것이라고 생각한다면 그 생각도 역시 착각이 될 수 있다.

그 영원에 대한 소망은 내가 노력해서 가진 것이 아니라 하나님이 선물로 주신 것이기 때문에 믿는 자에게 보증이 되는 것이다.

12
해와 달과 별의 자리는

우주는 지구를 위해서 존재하고
지구는 생명체를 위해서 존재하며
생명체는 사람을 위해서 존재하고
사람은 하나님의 영광을 위해서 존재한다

해는 뜨고 해는 지되 그 떴던 곳으로 빨리 돌아간다고 했다. 그런 현
상은 내가 어려서부터 보고 경험한 것이고, 우주가 생긴 이래 지금까
지 똑같았을 것이 분명하다. 그렇다면 우연히 그 자리에 존재한 해와
달이 수천 년 동안을 같은 곳에서 떴다가 그 떴던 곳으로 빨리 돌아갈
수가 있을까, 한번 어김도 없이?

그것은 분명 우연의 산물이 아니라 설계되었음이 틀림이 없다. 해가 그
자리에 있도록 설계되었기에 지구에 사는 동물이나 식물이, 또 인류도

이렇게 적합한 온도에서 생명을 유지하고 살고 있는 것이 아닐까?

우연히 있게 된 것일까, 설계된 것일까

지구에서 해까지의 거리는 1억 5,000만km라고 하는데 생명체가 살기에 최적의 거리라고 한다. 해가 그 자리에 있기에 지구상의 생명체가 안전하게 생명을 유지하고 있는 것이다.

해와 지구 사이의 거리가 지금보다 조금만 더 멀면 추워서 생명체가 얼어 죽을 것이고, 조금만 더 가까우면 더워서 타 죽을 것이라고 한다. 같은 지구상에서 적도지방의 더운 온도와 극지방의 추운 온도 차이를 보면 가히 짐작이 가는 현상이다.

달의 크기와 달까지의 거리도 역시 최적이라고 한다. 지구에서 달까지는 38만km. 달이 조금만 더 작거나, 달까지의 거리가 조금만 더 멀면 바닷물이 썩어 수중 동물들이 살 수 없을 것이고, 달이 조금만 더 크거나, 달까지의 거리가 조금만 더 가까우면 해일과 쓰나미 때문에 배가 항해를 할 수 없는 것은 물론이요, 섬나라나 해변에 가까운 곳에서는 사람이 살 수가 없을 것이다.

달의 크기와 거리가 적합하기 때문에 간조와 만조가 아주 적당하게 일어나서 바닷물이 썩지 않고 신선도를 유지하고 있는 것이다.

그렇다면 언제 누가 그렇게 설계를 했을까? 광대한 우주, 그 광대한 우주에서 발생할 일들을 누가 미리 알아서 그렇게 오묘하게 설계를 했을까?
그야 물론 어떤 종교의 절대자가 설계한 것이 아니라, 전지전능한 살아 계신 창조주가 아니겠는가? 하나님이시다.

하나님께서 창조 넷째 날 궁창에 광명체들을 두셨다. 큰 광명과 작은 광명, 그리고 수많은 별들. 그것도 거리를 잘 맞춰서, 수천 년간 그들의 임무를 다하도록 그렇게 설계하셨던 것이다.

하나님이 그들에게 부여한 임무가 무엇일까

큰 광명(해)으로 낮을 주관하게 하시고 작은 광명(달)으로 밤을 주관하게 하셨다고 했다. 광명체들을 하늘의 궁창에 두시면서 땅에 비춰는 역할을 하라는 것이다.
그 임무는 지구를 위한 것이고, 지구에 사는 생명체를 위해서이다. 지구상에 있는 생명체로 하여금 잘 살 수 있도록 하기 위한 하나님의 배려와 사랑이다.

그뿐인가. "그 광명체들이 있어 징조와 계절과 날과 해를 이루게 하라."고 하셨다. 우리는 수천 년 동안 달력(calendar)을 사용하고 있다. 달력의 기원이 무엇일까? 달력의 역사를 이야기하려는 것이 아니다. 달력이 어떻게 해서 만들어졌는가를 이야기하려는 것이다.

달력을 학자들이 연구해서 만들었는가? 아니다. 달력은 실험실에서 연구해서 얻어진 것이 아니다. 달력은 하나님께서 광명체들을 하늘에 두신 것을 보고 만들어진 것이다. 다시 말하면 해와 달, 그리고 별 때문에 역법이 생겼다는 이야기다.

창조 넷째 날이 바로 역법이 탄생한 날이 아닌가
역법의 근원을 하늘에 배열해 두신 분이 하나님이 아니겠는가?
그러니까 해와 달의 변화를 보고, 하늘에 나타나는 징조를 보고, 계절과 날과 해를 기록한 것이 달력인 것이다.

또 하나님께서 6일간 창조사역을 하시고 일곱째 날 쉬신 것이 바로 7일 주간이 된 것이다. 그러니까 달력의 근거 자료를 모두 하나님께서 주셨다는 이야기다.
하나님의 오묘하고 놀라운 설계가 아니겠는가.

13
몇 살이었을까

하와의 나이가 몇 살?
아담의 나이와 같겠지
아담의 갈비뼈니까

부모라면 자기 자녀의 나이를 잘 알 수 있을 것이다.

자신이 낳은 아들, 딸이니까 부모가 되어서 자녀의 나이를 모를 이가

없을 것이라는 뜻이다.

그러나 다른 집의 부모들은 남의 자녀 나이를 짐작만 할 뿐, 자세히는

알지 못한다. 다만 얼굴의 주름살이나 피부가 노화되어 있는 정도를

보고 나이를 짐작하거나 아니면 행동하는 모습을 보고 그들의 나이

를 추측하게 될 뿐이라는 이야기다.

창조 때 아담은 몇 살이었을까

아담은 이 세상에 태어났을 때, 나이가 얼마나 되었을까?

아담이 부모가 있어서 아기로 태어났다면, 창조 당시 갓 태어난 신생아로 한 살이라고 할 수 있을 것이고, 그 후에는 세월이 자나감에 따라 그의 나이를 계산할 수 있었을 것이다.

그러나 아담은 아기로 태어난 것이 아니라, 하나님이 창조하신 성숙한 사람이기 때문에 창조 때 이미 성숙된 어른으로 보였을 것이다.

아담이 성숙한 상태로 창조되었기 때문에 창조 당시 그의 노화 정도가 얼마인지는 아무도 모를 수밖에 없어 나이를 묻는 것이다.

다시 말하면 하나님께서 아담을 성숙한 성인으로 창조하셨기 때문에 아담이 세상에 나왔을 때 몇 살이었는지 우리는 아무도 모를 수밖에 없다는 이야기다.

그렇지만 하나님께서는 아담의 나이를 아실 것이 분명하다.

왜냐하면 하나님이 창조(태어나게)하셨으니까.

다만 우리가 아는 것은 아담이 성인으로 탄생했다는 사실과 아담의 성숙도로 나이를 짐작은 할 수 있을지라도 나이를 모른다는 것이다.

세상에 태어난 햇수로 계산해야 된다면 창조와 동시에 아담은 한 살이라고 해야 맞는다고나 할까? 그러나 아담은 창조 당시 한 살로 보이는 것이 아니라 적어도 2, 30살 이상으로 보였을 것이 분명하다.

하와는 태어났을 때 몇 살이었을까

하와는 세상에 태어났을 때 나이가 얼마였을까?

하와도 역시 아담처럼 신생아로 태어난 것이 아니니까, 그의 나이도 우리는 알 수가 없다.

우리가 아는 것은 그가 아담의 갈비뼈로 창조된 여자라는 사실과 아담의 돕는 배필로 하나님이 창조하셨다는 것뿐이다.

분명한 것은 하와는 아담과 나이가 같거나 비슷하다는 사실이다.

하와도 아기로 탄생한 것이 아니라, 성숙한 아담의 갈비뼈로 만들어 졌으니까 하와도 성인으로 창조되었음이 분명하다.

다시 말하면 아담의 성숙한 몸(갈비뼈)으로부터 하와의 성숙한 몸이 만들어졌으니까, 하와의 몸의 노화된 정도가 아담의 노화된 정도와 같을 것이라는 이야기다.
아담의 노화된 갈비뼈로 만들어졌으니까 하와의 노화 상태가 아담의 노화 상태와 비슷할 것이라는 뜻이다.

그래서 하와는 탄생하자마자 아담의 돕는 배필이 될 수 있었던 것이 다. 성숙도가 같은 나이이기 때문이다. 만약 하와가 신생아로 태어났 다면 아담이 배필로 맞이할 수가 없었을 것이라는 뜻이다.

하나님께서는 현대 과학자들처럼 아담의 체세포를 이용해서 복제를 하신 것이 아니라, 아담의 갈비뼈를 이용해서 성인 복제를 하셨던 것 이라 할 수 있다. 같은 나이의 돕는 배필로 만들어 주기 위해서이다.

아담의 체세포로 복제해서 하와를 만드셨다면 아담이 적어도 2, 30년 은 하와가 자라기를 기다려야 하와가 아담을 돕는 배필이 될 수 있었 을 것이다.

창조 때 지구는 얼마나 늙어 보였을까

하나님이 우주 만물을 창조하신 직후, 지구는 얼마나 늙은 것처럼 보였을까? 지구의 나이도 역시 사람들은 정확하게 알 수 없을 것이다. 어떤 사람들이 말하는 것처럼 몇 십억 년, 또는 몇 백억 년이라고 짐작만 할 수밖에 없을 것이라는 이야기다.

왜냐하면 지구가 태어날 때 본 사람도 없고, 역사에 기록된 것도 없으니까. 그렇다고 다른 별을 복제한 것도 아니니까, 다만 지구표면의 노화된 상태만 보고 짐작만 할 뿐이라는 뜻이다. 지구도 역시 아담이나 하와처럼 성숙된 지구로 창조되었으니 말이다.

그렇지만 지구의 나이를 정확히 아는 분이 있다.
마치 자녀를 직접 낳은 부모들처럼.
그분이 누구인가? 하나님이시다.

하나님이 지구를 직접 창조하시고, 당신이 창조하였다고 직접 선포하셨으며, 성경으로 정확하게 기록도 하고 있기 때문이다.

문제는 증명해 줄 사람도 없고, 증명할 수 있는 방법도 없다는 사실이다.
그렇다고 해서 남(지구)의 나이를 과장해 많은 사람들을 혼동시키는 것, 그것이 과연 옳은 일일까?

지구의 정확한 나이를 모르면 지구의 나이를 정확히 아는 분의 답을 받아들이는 것이 옳은 일일 것이다.

14
존재 목적도 창조된 것일까

지구는 누가 누구를 위해 만들었을까
지구의 존재 목적이 무엇일까
사람는 왜 지구애만 살고있을까
우연인가, 설계인가?

사람이 만드는 물건이나 기계는 어느 것이나 목적이 있어 만든다.
공구든지, 무기든지, 자동차, 기차, 비행기 무엇이든지, 심지어 이쑤
시개 하나를 만들어도 분명 만든 목적이 있다.
만약 우연히 만들어진 물건이라면, 물건의 주인이 그 물건의 존재 목
적이 무엇인지 모르기 때문에 사용할 수가 없어 버릴 수밖에 없을 것
이다.

이 우주 만물 모두가 우리 보기에는 우연히 만들어진 것과 같은 것들

이 너무도 많다. 아니 거의 전부가 우연히 만들어진 것 같은 느낌이다. 해도 달도 지구도 기타 모든 별들도....... 이 지구상에 있는 모든 생명체들도 관심을 가지고 보지 않으면 우연히 그것들이 그 자리에 있는 것 같다. 왜냐하면 상식적으로도 사람이 그런 것들을 만들지 않은 것은 분명하기 때문이다.

그런 것들이 분명 목적이 있는 것처럼 자신의 역할을 하는 것은 어떤 연유에서일까? 분명 사람이 그것을 목적을 위해 만들지도 않았고, 어떤 목적을 위해 활동하라고 지시한 일도 없는데도 말이다. 참으로 신비한 일이 아니겠는가?

지구의 존재 목적이 무엇일까?

우리가 터를 잡고 사는 이 지구가 우연의 작품일까, 아니면 목적이 있어 만들어진 작품일까? 과연 지구가 존재하는 목적이 무엇일까?

우선 지구는 생명체들이 살기에 온도와 환경이 적합하다는 사실이다. 다른 어떤 별들도 사람이 살기에 적합한 그런 환경이 있다는 소식을 들어 본 적이 없다.

지구가 우연히 만들어졌는데 우연히 온도와 환경이 맞아 생명들이 살고 있는 것인지 깊이 살펴볼 일이다.

우선 지구가 생명체들에게 필요한 어떤 조건들을 지구 스스로 알아서 갖추고 있는지, 다시 말하면 지구가 생명체들을 위해 존재하고 있다는 자신의 목적을 스스로 알고 정했는가? 한번 살펴보자.

첫째, 해에서 오는 빛과 온도(열)를 생명체에게 공급하기에 아주 적당한 거리에 지구가 놓여 있다는 사실이다. 만약 해로부터 지구가 조금만 더 가까우면 생명체들이 타거나 말라 죽을 수밖에 없을 것이다. 반대로 조금만 더 멀면 추워서 생명들이 살 수가 없을 것이다.

둘째, 지구에는 생명체들에게 필요한 물이 있다는 사실이다. 물도 수소와 산소가 결합한 생명에 필요한 순수하고 각종 미네랄이 풍부한 물이다. 아직 어느 별에서도 그런 물을 찾아내지 못한 좋은 물이다.

셋째, 공기다. 질소 78% 산소 20% 기타 2%가 섞여 있는 생명체들이 호흡하기에 아주 적합한 공기가 있다는 사실이다. 그런 비율로 된 공기가 아니면 식물도 동물도 살 수가 없다고 한다.

넷째, 소금이다. 사람은 소금이 없으면 살 수가 없다. 소금은 맛을 내는 것만이 아니다. 소금은 사람의 면역체계에 꼭 필요한 요소다. 또 소금은 살균방부작용이 있기에 지구상의 모든 물이 수천 년 동안 신선도를 유지할 수 있도록 되어 있다.

다섯째, 지구는 23.5도가 기울어진 상태에서 자전을 한다는 사실이다. 지구가 기울어져 자전을 한다는 사실은 지구에 되도록 많은 생명들이 적당한 온도에서 살 수 있도록 설계가 되었다는 것이다.

여섯째, 지구는 적당한 거리에 달을 위성으로 두고 있다는 사실이다. 달이 적당한 거리에서 지구 주위를 공전하고 있기에 바다가 밀물과 썰물을 적당하게 일으켜 바닷물이 오염되지 않도록 하고 있다는 사실이다.

그 외에도 지구의 존재 목적을 기록하려면 책을 써야 할 정도다.
아름다운 경치는 물론이요, 계절과 때를 따라 동물과 사람에게 양식을 제공하고 있다. 과연 그 모든 지구의 역할이 우연히 된 것일까?

지구가 왜 그런 목적을 가졌으며 누가 누구를 위해 그런 목적을 갖도록 지구를 그 자리에 만들어 놓았을까?
지구가 우연히 그 자리에 있기에 생명체들이 살기에 적합하게 되었을까?
그것은 우연이 아니라 분명 설계에 의한 것이다.
바로 하나님이 설계하신 작품이다. 사랑하는 인간을 위한.

15
족보의 기원

족보가 없는 사람도 있을까
성경에는 왜 족보가 많이 기록되어 있을까
하나님도 족보와 관계가 있을까

인류 역사에 언제부터 족보가 등장했을까?

문서화 된 기록을 묻는 것이 아니라 족보의 기원을 묻는 것이다.

족보의 기원은 가계와 혈통을 따라 흐르는 가정의 직계를 따지는 것이다.

그래서 어느 가정이든지 족보(族譜)가 있게 마련이다. 조상이나, 부모가 없이 태어난 사람이 없기 때문이다.

김(金)씨나, 이(李)씨나, 박(朴)씨나 그들의 조상이 있다.

어떤 성(姓)을 가졌든지 그 조상을 거슬러 올라가면 그 가족의 조상은 한 사람일 것이다. 그렇게 시작된 족보는 그 후손으로 계속 이어져 내려가게 된다.

족보의 이치는 내 나라, 내 민족뿐만 아니라 다른 나라, 다른 민족에게도 마찬가지일 것이다.

성경에도 족보가 기록되어 있다. 성경에 족보가 기록되어 있다는 뜻은 족보(가계 또는 계보, 혈통)가 그만큼 중요하다는 뜻일 것이다.

구약에서는 인류 최초의 족보, 시조 아담의 족보(계보)가 기록되어 있고, 신약에서는 예수 그리스도의 족보(계보)로 시작되고 있다.

가족의 족보가 한 사람으로 인해 하나의 성씨를 이룬 것처럼, 인류의 계보(족보)도 거슬러 올라가면 인류의 시조 한 사람으로부터 시작이 되었다는 것은 부정할 수 없는 사실이다.

성경에 제일 처음 기록된 족보는 아담으로부터 노아까지의 족보다.(창 5장)

성경이 왜 아담의 족보(계보)를 노아까지만 기록하고 있을까?

그야 설명할 필요도 없이 아담의 후손이 노아 가족 8식구를 제외하고 모두 홍수로 멸망되었기 때문일 것이다.

아담의 후손이 멸망되었다면 아담의 족보(계보)도 끝난 것이 아닐까?

물론 후손이 끊어지면 족보도 끊어져야 한다.
그러나 하나님은 노아 8식구를 남겨 놓으셨기에 인류의 족보는 노아로부터 다시 기록이 될 수밖에 없었다.
이런 까닭에 인류에게는 조상이 둘이 있게 된 것이다.
인류의 시조(始祖) 아담과 이 세상의 조상 세조(世祖) 노아다. 한편 믿는 우리에게는 조상이 또 있는데 바로 믿음의 조상(信祖) 아브라함이다.

시조 아담은 누구의 후손일까?

아담은 우연히, 저절로 나타나서 조상이 된 사람일까? 아니면 원숭이나, 단세포 생명체 아메바로부터 진화되어 조상이 된 사람일까?
성경은 인류의 시조 아담을 하나님이 창조하셨다고 분명하게 말씀하고 있다.
문제는 우연이든, 진화든, 창조든 현대 과학으로는 증명이 불가능하기 때문에 어느 쪽을 믿든지 사람의 믿음으로 따라가게 마련인 것 같다. 그러나 우연이나 진화는 사람이 답을 만든 것이고, 창조는 창조하신 하나님이 답을 주시고 있다.

허나 우리가 잘 아는 사실은 자식은 그 부모를 닮아 태어난다는 사실이다.
왜 자식은 부모를 닮을까?
그것은 두말할 것도 없이 유전자(DNA) 때문이다. 유전자가 족보의 혈통을 따라 흐르고 있기 때문이다. 아담의 유전자를 받아 태어난 인류는 지금도 어김없이 사람의 유전자를 가지고 태어나게 되는 것이다.

만약 원숭이가 진화되어 사람이 되었다면 사람의 피에 원숭이의 유전자도 흐르기 때문에 가끔은 원숭이도 사람에게서 태어나야 마땅하다. 그러나 그런 일은 전혀 일어나지 않고 있다. 사람의 몸속에 원숭이의 유전자는 없다는 뜻이다.

인류의 시조 아담은 누구의 유전자를 받았을까?

그 답이 성경에 나타나 있다.

하나님이 하나님의 형상대로 사람(아담)을 창조하셨다고 기록하고 있다.

하나님께서 아담에게 자신의 유전자를 주셨다는 뜻이다.

하나님이 비록 사람을 그의 능력으로 창조하셨지만 유전자만은 하나님 자신의 유전자를 주셨다는 이야기다.

자식이 부모의 유전자를 받아 닮아 태어난다면, 같은 이치로 하나님은 인류의 유전적 부모가 되는 것이다. 우리가 하나님을 아버지라고 부를 수 있는 이유가 바로 거기에 있는 것이다.

유전자의 흐름을 보아도, 족보의 혈통적 흐름을 보아도 인류 족보(계보)의 최종적 기원은 아담의 선조가 바로 하나님이라는 사실이다.(눅3:38)

그 사실을 부정할 수 있는 사람은 족보를 부정하는 사람이요, 하나님을 부정하는 사람이요, 가계나 혈통을 부정하는 사람일 것이다.

사람은 누구나 낳아준 부모가 있기에 족보에 기록이 될 수 있다.

16
출산이 없는데 성장할 수 있을까

민음으로 모든 우주 만물이
하나님의 말씀으로 지어진 줄을 안다
믿음, 창조, 어느 것이 신앙의 기초인가

세상에 이런 바보 같은 질문은 없을 것이다.

어머니가 출산한 생명이 없었는데 어떻게 생명이 성장을 하겠는가?

생명이란 어머니가 출산을 해야만 성장한다는 것이 당연한 것 아니겠는가?

그런데도 많은 사람들이 자신을 어머니가 출산(出産)했다는 사실을 잊어버리고, 출생(出生) 후의 성장에만 열심을 가지면서 살고 있는 것 같다.

어머니의 태중에서 잉태와 출산의 과정이 없이 출생이 있을 수 없고,

출생 없이 성장이 있을 수없는 것은 당연한 이치가 아니겠는가?

출산 없이 성장할 수 있을까

그런 사람들은 혹 자신의 생일에 다른 사람의 축하받기만을 좋아하는
것 같다. 자신이 이 세상에 생명을 가지고 출생했기 때문일 것이다.
생명이란 너무도 신비한 것이기 때문에 그런 신비한 존재로 자신이
출생된 사실이 굉장히 자랑스러운 일이기에 자신의 생일에 남의 축
하 받기를 좋아하는 것이라 생각이 된다.

그렇게 생일에 축하 받기를 원한다면 생일을 만들어 주신 분이 누구
인지를 먼저 알아야 되지 않겠는가?
자신의 생일이 어머니의 잉태와 출산의 고통이 없이도 이루어졌을까?
생일에 축하받기만을 원하고 어머니의 고통은 생각 밖에 있어도 되
겠는가?
자신에게 생일을 만들어 주신 분에게 먼저 감사를 드려야 한다는 사
실을 잊어서일까, 아니면 인생이란 과거를 잊어버리는 존재이기 때
문일까?

신앙인들도 과거를 잊어버리는 분들이 있는 것 같다.

많은 그리스도인들이 거듭난 사실을 자랑스러워하면서도 거듭난 이후의 삶에만 치중하는 것 같다.

창조가 없는데 구원이 필요했을까

창조가 없다면 구원이 필요할까?

이 역시 바보 같은 질문이 아니겠는가.

창조가 없다면 생명이 있을 수 없고, 생명으로 태어나지 않았다면 죄를 지을 필요가 없었을 것이고, 죄가 없었다면 회개할 필요도, 거듭날 필요도, 구원 얻을 필요도 없었을 것이다. 창조가 없었다면 믿음도 필요가 없다는 뜻이다.

그런데도 많은 사람들은 창조는 생각 밖에 있고 거듭난 후의 믿음에만 열심을 하면서 믿음생활을 하고 있는 듯하다.

다시 말하면 믿음을 복음에다만 가둬두는 느낌이다.

신앙인들의 믿음의 기초가 무엇일까? 믿음의 기초가 복음일까?

왜 예수 그리스도 복음의 시작 이전에 하나님께서 아브라함을 믿음의 조상으로 삼으셨을까?

왜 믿음의 조상 아브라함 이전에 살았던 에녹은 믿음으로 죽음을 보지 않고 옮기었다고 하였고, 아벨은 믿음으로 가인보다 더 나은 제사를 하나님께 드렸다고 하면서 믿음을 인정하셨을까?

복음이 믿음의 기초라면 옛 선진들이 믿었던 믿음의 기초는 무엇이었을까? 그들의 믿음의 기초도 복음이었을까? 아니면 하나님의 말씀이었을까?

아브라함은 하나님의 약속의 말씀을 믿음으로, 하나님께서 이를 그의 의로 여기시고 믿음의 조상으로 삼으셨던 것이다.

에녹은 하나님을 기쁘시게 하는 자라 하는 증거를 받았고, 아벨은 의로운 자라 하시는 증거를 얻었다고 하지 않았던가?

이렇듯 선진들의 믿음은 하나님께 초점을 맞추고 있었던 것이다. 왜 그들의 믿음이 하나님께 초점을 맞추고 있을까?

그 믿음은 분명 모든 세계가 하나님의 말씀으로 지어진 줄을 알기 때문이리라. 그것은 분명 말씀으로 창조하신 하나님의 위대하심이기 때문일 것이다.

구원의 기초는 복음을 믿는 것이 되고, 믿음의 근본 기초는 창조에서부터 시작이 되어야 할 것이다.

창조 없이 생명이 있을 수 없고, 생명이 없이 죄가 있을 수 없으며, 죄가 있으므로 회개와 구원이 있을 수 있기 때문이다.

17
신비와 과학, 어느 것이 먼저일까

과학이 신비를 낳는 것이 아니다
신비가 먼저 있으니 과학이 있다
신비는 우연의 현상이 아니라
하나님이 설계하신 비밀이다

DNA(유전자) 발견역사는, 1943년 실험을 통해 DNA가 유전정보를
보관하는 물질이라는 것이 추정되었고, 1953년에 DNA가 확실하게
유전물질임이 발견되었다고 한다. 그 후에야 비로소 생명공학이라고
하는 학문이 본격적으로 발전하기 시작해서 유전공학, 복제기술등이
발전 성장했다고 한다.

생명공학은 유전공학, 복제기술뿐만이 아니다.
생명공학은 사람들의 건강문제, 지구촌에 점점 더 부족한 식량문제,

점점 퇴폐해 가는 환경문제, 점점 고갈되어가는 에너지 문제 등을 해결하기 위해 과학자들의 머리를 짜내는 학문이라고도 할 수 있을 것이다.

지금은 가히 생명공학의 시대라고 할 만큼 엄청난 발전을 한 것만은 사실이다.

지금은 생명공학의 시대?

그러면 사람이 생명공학을 연구했기 때문에 이 지구에 생명이 탄생되었는가?

생명공학을 연구했기에 DNA(유전자)가 생명체의 세포 속에 들어가게 되었는가?

생명공학 연구의 결과로 없던 생명체가 생겨서 유전자를 갖게 되었는가?

생명공학을 연구하기 그 이전에는 생명이 없었던가?

바보 같은 질문이다. 이 지구상에 우리와 같은 생명을 가진 많은 생명체가 이렇게 수천 년을 살고 있는데, 불과 200년 전부터 생명을 연구했다고 생명이 있게 되었는가? 생명은 연구해서 생긴 것이 아니라 이미 존재해 있고 이미 유전되어 오고 있었던 것이다.

생명공학은 이미 있던 그 생명 때문에 그 생명이 재료가 되어 연구가 가능했던 것이다. 생명이 이 세상에 없었다면 생명공학이 있을 수도, 연구할 수도 없었을 것이다.

생명공학이 연구하고 있는 그 생명이라는 것이 무엇이고, 어디에서 왔을까?

사람의 지혜로, 사람의 능력으로 만들어진 것일까? 그것은 불가능하다.

생명이 무엇인지 알지도 못하고, 생명을 스스로의 지혜와 능력으로는 탄생시키지도 못하는 연약한 존재, 인간이 어떻게 감히 생명을 만들 수 있겠는가?

생명은 생명의 주인이신 하나님으로부터 받아 갖게 된 것이다.

생명의 신비는 하나님이 설계하신 것

하나님께서 주신 생명은 유전자의 설계에 의해 세상에 태어나도록 하나님께서 설계를 하신 것이다.

곡식을 만들기 위해 설계된 곡식의 씨에는 곡식의 유전자를 넣어 곡식의 생명을 주셨고, 사람을 위해 설계 된 씨(수정란)의 유전자에는 사람의 생명을 주셨으며, 짐승을 위해 설계된 씨의 유전자에는 짐승의 생명을 만들어 낼 수 있도록 하셨다.

그 씨에는 태어날 후손의 설계가 분명 있지만 처음에는 그 씨가 무슨 육체가 될지 육안으로는 알 수 없는 것이 대부분이다. 그런데 그 씨들이 자라면서 점점 형체를 만들어간다. 식물의 씨는 자라면서 잎이 피고 꽃이 피며 열매를 맺어 다시 그 후손을 만들 수 있는 유전자를 그 씨에 넣어준다.

신비한 것은 식물은 동물처럼 자신의 행동을 주관하고 통제하는 머리를 가진 것이 아니라는 사실이다. 그런데도 식물은 어김없이 계절 따라 꽃도 피고 열매도 맺는다.
과학은 그 자라는 과정은 연구할 수 있으나, 계획하고 통제하는 머리도 없는 식물이 어떻게 자신을 관리, 통제하는지는 알 수 없을 것이다. 참으로 신비하다.

동물은 식물과는 전혀 다르기는 하지만 동물도 식물과 거의 마찬가지다.
사람의 예를 본다면 수정란은 하나의 세포에 불과하다.
그 세포가 숫자가 늘어나면서 어떤 세포군은 손을, 어떤 세포군은 눈을, 어떤 것은 심장을 만들어간다. 늘어나는 세포는 처음부터 기관의 형체를 만들어가는 것이 아니다. 똑같은 세포의 숫자가 늘어나는 것뿐이다.
그 세포에게는 지식이 있는 것도 아니고, 생각이 있는 것도 아니다.

그런데도 그 자라나는 세포에게 누가 지시해서 각 기관을 만드는지는 아무도 모른다. 유전자에 설계가 들어 있기는 하지만, 온전한 사람이 되면 그 후에야 생각하고 연구하는 능력이 생긴다. 그것도 신비다.

신비가 먼저 있기에 과학이 있는 것

그러기에 과학은 신비한 생명이 탄생된 후의 생명은 연구할 수 있으나 생명이 무엇인지, 유전자가 무엇인지, 사람의 세포 덩어리가 연구하고 생각하는 능력이 왜 생기는지는 파헤치지 못할 것이다.
왜냐하면 생명은 신비(神秘)이고, 생명은 하나님의 설계이기 때문이다.

"창세로부터 그의 보이지 아니하는 것들 곧 그의 영원하신 능력과 신성이 그가 만드신 만물에……"
즉 그가 만드신 만물은 능력과 신성의 하나님이 만들어낸 신비의 작품이라는 말씀이다.

"그가 만드신 만물에 분명히 보여 알려졌나니 그러므로 그들이 핑계하지 못할지니라."
그가 만드신 신비로운 만물은, 만들어진 후에 인간의 지식으로 연구해서 증명하는 것이니 그것이 곧 과학이라는 것이다.

과학이 있어 신비가 있는 것이 아니라, 신비한 작품이 먼저 있어서 연구해야 되는 과학이 있게 되는 것이다. 뿌리가 있어야 식물이 살고,

원인이 있어야 결과를 만든다.

신비한 하나님의 창조가 과학적 설계로 되었기에 실험과 증명이 될
수 있는 과학이 있을 수 있는 것이다.
다시 말하면 신비한 창조가 먼저 있었기에 그 신비를 연구할 과학이
있게 된 것이라는 이야기다.

18
하나님은 과연 살아 계신 분일까

생명이 있는 생명체라야 생명을 낳는다
최초의 사람도 생명의 소유자가 낳았다
그분이 바로 살아계신 하나님이시다

세상에는 많은 종교가 있다.

그들은 창조에 관해서는 아무런 관계가 없을 것이 분명하다.

왜냐하면 그들의 종교 창시자는 사람이기 때문이다.

사람이 종교를 탄생시켰기에 창조와는 관계가 없을 것이라는 뜻이다.

기독교는 하나님께서 우주 만물을 창조하셨고, 생명의 창조를 하셨다고 선포하고 있다. 하나님께서 우주 만물의 주인이시고, 생명의 주인이시며, 우주 만물과 생명을 다스리시는 주인이시라는 뜻이다.

기독교는 사람이 종교를 창시해서 생긴 종교가 아니라, 하나님의 우주 만물 창조로부터 시작된 종교다. 이는 우주 만물의 역사요, 인류의 역사(歷史)다. 지금도 또 미래에도 계속 이어지는 생명의 활동인 것이다.

그러기에 사람은 마땅히 나에게 생명을 주신 하나님을 경배하고 섬겨야 되지 않겠는가? 우리가 섬기는 하나님은 종교의 창시자로서 섬기는 것이 아니다.
지금도 살아계시고, 나에게 생명을 주셨으며, 지금도 나의 생사화복을 간섭하시는 하나님이시기에 마땅히 하나님을 섬겨야 된다는 이야기다.

하나님이 있다면 보여 줘봐!

사람들은 혹 믿는 성도에게 하나님을 보여 달라고 말을 한다.
하나님을 보여 주면 믿고 섬기겠다는 이야기다. 이럴 때는 참으로 난감하지 않을 수 없다. 어떻게 보이지 않는 하나님을 보여 줄 수가 있을까?

분명 하나님은 지금도 살아 계시다는 사실을 아는데도 말이다.

성경은 여러 곳에서 하나님의 살아 계심을 말씀하고 있다.
그리고 믿는 자라면 누구나 '살아 계신 하나님'이라고 입버릇처럼
말을 한다.
그런데도 하나님의 살아 계심을 확실하게 증명해서 대답하기가 어려
운 것만은 사실이다.
왜냐하면 하나님은 살아 계시지만 우리 눈으로 볼 수 없는 영적 존재
이기 때문이다. 마치 내가 살아 있지만 내 육신의 눈으로는 내 속에
있는 내 자신의 영을 볼 수 없는 것과 마찬가지라는 이야기다.

어떻게 하나님의 살아 계심을 증명할 수 있을까

'생명은 생명으로부터'라는 말이 있다.
이는 어떤 속담이 아니다. 이 말은 과학자가 아니더라도 누구나 조금
만 관심을 가지고 보면 알 수 있는 사실이다.
살아 있는 생명체라야 살아 있는 생명체를 낳는다는 사실은 모르는
사람이 없다.
다시 말하면 무생명체는 절대로 생명체를 낳을 수 없다는 이야기다.
또 다른 말로 한다면 사람이 아무리 머리가 비상해도, 아무리 과학이
발달해도, 생명을 가진 생명체를 사람의 지혜로 만들어 낼 수는 없다
는 뜻이다.

그러기에 생명은 오직 생명으로부터만 낳게 되는 것이다. 생명체는

어느 것이나 그 모체의 유전자 설계도에 의해서 태어난다는 이야기다. 식물도, 동물도, 사람도 그의 모체의 유전자에 의해 탄생이 되는데, 그 모체의 모체를 거슬러 올라가면 최초의 모체도 역시 생명을 가진 자가 낳게 했다는 결론이 나올 것이라는 이야기다.

그 최초 생명체의 모체의 모체는 누구일까?

그분이 바로 살아계신 하나님이다.

하나님이 살아계시지 않는다면 지금 이 세상에 생존해 있는 생명체가 존재할 수 없다는 뜻이다.

하나님이 살아 계시기에 이 지구에 이렇게 많은 생명체가 존재할 수 있고, 또 우주의 운행이 한 점 오차도 없이 운행이 되고 있다는 이야기다.

하나님이 살아 계시지 않다면 지금 당신은 이 세상에 있을 수가 없을 것이다.

지금 당신이 살아 있다는 것을 느끼고,

맑고 시원한 공기로 호흡하며 산다는 것이 깨달아지고,

사물을 보고 판단할 수 있는 지각이 있어서,

그래서 감사할 수 있다면 하나님께 감사와 영광을 드리는 것이 옳을 것이다.

살아 계신 하나님은 지금도 당신의 양심을 보고 계시니까.

깊이 묵상해도 신비

19
사람에게는 왜 희망이라는 것이 있을까

세상은 참으로 아름답게 창조되었다
사람은 아름다운 오늘을 그리워하는 것이 아니라
더 나은 내일을 희망하면서 살고 있다
그 희망은 무엇일까

사람은 1분 후의 일도 모르는 존재다.

'한 치 앞도 모르는 인간'이라고 스스로 자신을 낮추는 이유다. 그 점
이 바로 연약한 인간의 한계인 것이다. 그러면서도 사람은 누구나
'희망(希望)'이라는 것을 가지고 산다.

1분 후에 무슨 일이 일어날지, 1년 후에 어떤 일이 있을지도 모르면

서, '세월이 지나면 더 좋은 일이 있겠지, 더 나은 환경이 오겠지' 하
며 확인이 되지도 않는 그런 기대를 가지고 산다는 이야기다. 그 기대
가 바로 '희망' 이다.

아직 현실로 이루어지지도 않은 그 '희망' 이라는 것이 무엇이며, 왜
사람은 그런 '희망' 을 가지고 살까?
사람은 미래를 모르는 존재이긴 하지만, 사람이 '희망' 하는 그 미래
에는 지금 확인할 수는 없지만, 분명 현실로 다가올 어떤 목표물이 있
다는 사실을 안다는 뜻이 아닐까?

어떤 장소라든지, 아니면 어떤 아름다운 일 등, 지금보다는 훨씬 더
좋은 그런 장소나 목표물이 있다는 것을 느끼고 있다는 뜻이 아닐는
지.......
사람은 그런 곳, 그런 내일을 '희망' 하기에 세상에서 어떤 어려움도
견디며 사는 것이 분명할 것이다.

'희망' 이라는 것이 우리가 살아 있는 동안에 이 땅에서 이루어질 수
있는 것일까?

물론 이루어질 수 있는 것도 있을 것이고, 이루지 못하는 것도 있을 것이다.

이루어질 수 있는 것이야 우리가 눈으로 보고 체험할 수 있겠지만, 이 땅에서 이루어지지 않는 것은 눈으로 확인할 수 없기에 그 '희망'이 어떤 형태로 이루어질지는 아무도 모르고 있을 것이 분명하다.

이루지 못할 그것을 왜 '희망'하면서 살까?

사람이 창조된 이래 지금까지 살았던 지난날의 많은 사람들이 다 '희망'이라는 것을 가지고 살았을 것이 분명하다. 그런데도 그 모든 사람들이 지금은 돌아가고 이 세상에는 보이지 않는다. '희망'을 이루지 못한 채로.......

그들이 가지고 있었던 이루지 못한 희망. 그 최종적으로 희망하던 목적지는 이 세상에 있는 것이 아니라는 뜻일 것이다. 그 곳은 지난날 이 땅에 살았던 사람들이 돌아간 어떤 장소에 있는 것이 아닐까? 그래서 사람은 미래를 모르면서도 그들의 잠재의식 속에서 그 곳을 사모하며 살았던 것이 아닐까?

그러면 사람은 왜 그 곳에 대한 기억도, 지식도 없으면서 그들의 잠재의식 속에서 그 곳을 희망하면서 살까?

아마도 많은 사람들이 그 답을 찾으려고 노력했을 것이 분명하다.

철학으로, 종교로. 그러나 철학도 종교도 그 어떤 방법으로도 그 답을 찾지는 못했을 것이다.

하지만 약 3,000년 전에 성경은 그 답을 말씀하고 있다.

"하나님이 모든 것을 지으시되 때를 따라 아름답게 하셨고 또 사람에게는 영원을 사모하는 마음을 주셨느니라 그러나 하나님이 하시는 일의 시종을 사람으로 측량할 수 없게 하셨도다"

사람으로 하여금 한 치 앞을 모르면서도 희망을 가지고 살도록 설계하신 분은 바로 하나님이시라는 이야기다.
사람은 그렇게 설계하신 분의 뜻에 순응하면서 살아야만 옳은 것이 아닐까?

한 치 앞도 모르는 연약한 인간이지만 '희망'을 가지고 살도록 설계한 자는 내가 아니요, 내 지혜도 아니요, 내 뜻과 능력도 아니기 때문에 설계하신 분의 말씀을 받아들이는 것이 도리일 것이다.

그런데 많은 사람들이 그 답을 찾지 못할 뿐만 아니라, 설계하신 분의 뜻에 순응하지 않고 있다.
아무리 지혜와 인간의 능력을 총동원해도 하나님의 그 설계는 지울 수도 바꿀 수도 없는데 말이다.
하지만 그 영원을 사모하면서 살아야 하는 것, 그것이 바로 '희망'일 것이다.

20
병(病)과 치유, 어느 것이 먼저일까

아기는 병이 없이 태어난다고 하는데
병이 무엇이기에 고통을 가져올까
면역력이 없으면 왜 병을 이길 수 없을까

아기는 태어날 때 병이 없이 태어날 것이다. 물론 예외가 있다. 모태에서 얻은 병이 있기 때문이다. 아기가 모태에서부터 가지고 출생하는 병은 부모나 조상에게서 얻은 병일 것이다.

예를 들어 부모의 알코올 마약 담배 중독, 아니면 조상으로부터 유전된 병일 수 있다. 그 외에도 요즘은 환경 호르몬이나 각종 오염으로부터 오는 질병이 있을 수도 있다. 그런 원인이 아니라면 모태로부터 태어나는 아기는 병이 있을 이유가 없다.

아기는 병이 없이 태어나는데도 스스로 병을 치유할 수 있는 능력이
있다.

무엇인가? 면역력이다. 병이 들어와도 스스로 병과 싸워 이길 수 있
는 힘이다.

다시 말하면 사람의 몸에 병이 들어오기도 전에 치유할 수 있는 힘을
먼저 준비하고 태어났다는 뜻이다.

하나님이 만물을 창조하시고 사람을 창조하셨을 때는 사람에게 병이
없었을 것이다. 그때는 공기도, 물도, 땅도 오염이 없었을 것이기 때
문이다. 하나님이 사랑하는 사람을 창조하실 때, 질병도 함께 주셨을
이유가 없다.

사람을 병이 없도록 창조하시면서도 하나님께서는 사람에게 병을 이
길 수 있는 힘을 먼저 주셨다.

무엇인가? 면역력이다. 아기가 태어날 때 부모로부터 받은 바로 그
면역력과 같은 힘이다.

하나님은 왜 사람에게 그런 면역력을 병이 발생하기도 전에 미리 주

셨을까?

모든 생명체에게 생육하고 번성하라고 복을 주신 하나님께서 앞으로 수천 년의 역사가 흐르는 동안 생명체의 수가 증가하면서 각종 질병이 온다는 것을 아시기 때문일 것이다.

생명체들의 수가 증가하면서 공기가 오염될 것이고, 물이 오염될 것이며, 땅이 오염되면서, 생명체들의 먹을거리가 오염될 것이 분명하기 때문에 그에 따라 각종 질병도 나타날 것을 아셨기 때문이라는 뜻이다. 전지전능하신 하나님이 그러한 사실을 아시고 병이 오기 전에 치료할 수 있는 힘을 먼저 주신 것이다.

그러면 하나님께서 병을 치유할 수 있는 면역력을 먼저 주셨는데, 왜 질병의 숫자는 점점 더 늘어가고 있을까?

병은 도대체 무엇일까?

병이란 생명체의 생명현상에 영적, 정신적, 육체적으로 이상 증세가 와서 몸의 평안이 깨지는 상태가 아닌가.

그런 현상이 생기는 이유는 생명체가 피조물이기 때문이다.
생명체는 창조주가 정하신 질서와 법을 충실하게 지키면서 산다면 병이 생길 이유가 없을 것이다.

사람이 그 질서와 법을 지키지 못한 그 첫 번째 예가 하나님께서 먹지 말라 하신 선악과를 먹었다는 사실이다.

평안이 깨진 상태로 여자에게는 해산의 고통이 오고, 남자에게는 얼굴에 땀을 흘려야 소산을 얻게 되는 피로가 온 것이다.

그 후 인류의 문명이 발달하고 사람의 욕심이 증가하면서 깨끗하고 편리한 문화를 추구하다보니, 문명에서 오는 부산물과 욕심에서 오는 범죄가 생명현상에 병적 이상을 초래하게 된 것이 아닐까?

그런 중에도 의술은 계속 첨단으로 발전하고 있다. 머지않아 질병을 완전 정복이라도 할 듯하다.

과연 의술이 모든 병을 정복할 수 있을까?

병을 치유하는 힘이 의술일까, 면역력일까?

분명한 것은 병보다 먼저 준비해 주신 면역력이 사람에게 없다면 의술이 아무리 발달을 해도 병을 치유할 수가 없을 것이다.

사람에게 면역력이 없어지면 병을 이기고 회복할 수 있는 능력이 없어지게 되기 때문이라는 이야기다.

21
관계가 끊어지면

내 앞에 다시는 나타나지 마라
부자 간 관계를 끊겠다는 말이다
끊을 수 없는 관계가 끊어지면...

우주와 세상을 자세히 들여다보면 모두가 '관계'로 유지하고 있는
것 같다.
우주도 만물도 국가도 사회도 가정도 인간의 몸도 물질의 구조
도....... 서로 붙잡아 매는 끈이 있는 것도 아닌데 관계라는 것이 붙들
고 있는 것 같다.

'관계'가 과연 무엇일까?
관계라는 것은 우리 눈에 보이지는 않는다. 서로 연결되어 있기는 하
지만 끈이 있는 것이 아니기 때문이다.

그런데도 하나님이 창조하신 피조 세계는 모두가 관계로 연결되기도 하고, 관계로 유지하기도 하며, 관계로 존재하기도 한다.
어느 하나 관계 없는 것이 없다.

그런데 관계로 유지되기 위해서는 관계가 정확해야 한다.
관계가 정확하지 않거나, 관계가 끊어지면 세상에 존재하는 것들은 분명 그 존재 자체도 질서도 형체도 없어질 수밖에 없다.

사람은 우선 하나님과의 관계성으로 세상에 태어난다.
하나님은 창조주요, 사람은 피조물이다. 창조주와 피조물의 관계, 주인과 종의 관계다. 하나님과 사람의 관계는 생명의 관계요, 사랑의 관계다.

그래서 사람은 하나님을 닮은 존재로 태어나게 된 것이다.
유전으로 만들어진 관계이다. 사람이 하나님과 그러한 관계가 아니면 생명을 가진 존재로 태어날 수가 없을 것이다.

태양과 지구는 일정한 거리를 유지하면서 지구는 공전과 자전을 하고 있다.

하나님이 정하신 그 거리가 조금이라도 멀거나 가까우면 지구의 공전도 자전도 불가능하다. 또 태양이나 지구의 무게가 조금만 달라도 태양과 지구의 관계는 끊어지게 마련이다. 관계가 정확해야 된다는 뜻이다.

만약 그 관계가 끊어지면 지구의 존재 자체가 사라지게 될 것이 분명하다는 이야기다. 지구가 태양과의 관계가 없이 스스로 공전이나 자전을 할 수가 없기 때문이다.

하나님이 사랑하시기 위해서 창조된 사람들 사이에도 관계가 있다. 사람들 사이에 맺어지고 있는 관계도 특별히 중요하다.

자식은 부모와의 관계성으로 태어나게 된다. 그래서 가정에는 부자관계, 모자관계, 부녀관계, 형제관계 등, 관계성이 이루어진다. 관계를 갖지 않고 가정의 식구로 세상에 태어나는 사람은 아무도 없다.

마찬가지로 친척 간에는 친척관계, 친구 간에는 친구관계, 직장에서는 상하좌우관계, 학교에서는 교수와 제자의 관계, 선후배의 관계 등 다양하다.

이러한 관계를 누가 만들어 주었을까?

물론 사람이 스스로 만들어 갖는 관계도 있고, 하나님이 만들어 주시는 관계도 있다.

그렇지만 사람이 지혜나 능력이 있어서 스스로 만들어 가지는 것이 아니다.

물론 사람이 살아가면서 스스로 만들 수 있는 관계도 있다. 부부관계가 그 한 예다. 그러나 그런 관계도 관계의 근원은 하나님에게 있다. 다시 말하면 하나님께서 모든 피조물에게 그런 관계성의 존재로 창조하셨기 때문이라는 이야기다.

문제는 사람이 사람의 뜻으로 혹 관계를 만들어 가질 때, 관계의 근원이신 하나님과의 관계를 무시하면 문제가 된다.
만약 하나님이 원하시지 않는 다른 존재들과 하나님이 원하시지 않는 다른 방법으로 관계를 맺는다면 어떤 결과가 오게 될까?
관계가 끊어지면 분명 존재 자체가 사라진다고 했는데 말이다.

예를 들어 사람이 사람의 뜻으로 하나님과의 관계를 거부하고 우상과 관계를 맺을 수가 있다. 우상과 관계를 맺는 것은 분명 하나님이 원하시지 않는 관계임에 틀림이 없다.
하나님의 뜻을 무시한다면, 하나님이 정해주신 관계 때문에 존재하는 인간이 하나님과의 관계가 끊어질 수 있으니까 그 결과는 하나님의 진노를 면치 못할 것이 분명하다는 이야기다.

사람을 관계성의 동물이라고 하지 않는가?
관계가 중요하다. 그래서 관계는 정확해야 된다.
하나님의 뜻이 아닌 관계는 하나님의 진노를 사기 때문이다.

22
하나님이 사람의 찬송을 들으실까

노래(찬양) 잘 한다고?
피아노 잘 친다고?
박수 받고 싶겠지
그 박수 하나님께 드릴 박수야

할미꽃, 진달래꽃, 철쭉꽃, 왜 그런 꽃들은 이른 봄에 필까.

어떻게 그런 꽃들이 겨울이 지나가고 봄이 온다는 사실을 알고 있을까.

호박꽃은 왜 아침 일찍이 필까?

혹 아침 일찍이 꽃이 피어야 벌과 나비가 찾아온다는 사실을 알고 그
들을 반갑게 맞이하려고 피는 것일까?

채송화는 왜 낮에는 예쁘게 피었다가 저녁때가 되면 오므라들까?

낮에만 피어 있어야 되는 어떤 특별한 사정이 있어서일까?

해바라기는 왜 해를 바라보며 햇빛을 따라 갈까? 고개가 꾸부러지면서까지.

햇빛이 자신에게 어떤 유익을 준다는 것을 알고 느껴서일까?

꽃들도 하나님을 찬양하는데

과연 그런 식물들이 계절의 변화를 알고, 시간을 알고, 빛을 아는 감각이 있어서일까?

아니야. 아마도 그런 것은 아닐 것이야.

저들이 계절 따라, 시간 따라 꽃을 피우는 것은 하나님의 영광을 찬양하기 위해서이겠지.

그래서 산에도, 들에도, 사람이 살지 않는 저 산간 오지에서도 식물들은 아름다운 꽃을 피우고 있는 것일 게야. 보는 사람도 없고, 사람의 발길도 닿지 않는 곳이지만 하나님은 그것들을 보실 수 있으실 테니까.

해와 달과 별들이 모두 하나님을 찬양하는데 그들과 함께 지음을 받은 식물이고, 꽃들인데 어찌 그 꽃들이 하나님을 찬양하지 않을 수 있겠나. 자신들을 아름답게 지어주신 영광스러운 하나님이신데.

새벽이면 닭이 새벽을 알리고, 새가 숲속에서 지저귀는 것도 역시 하나님을 찬양하는 것, 식물들이 하나님을 찬양하는데 함께 동참해서 자기들도 하나님을 찬양하려는 것이 아니겠는가?

하나님이 창조하신 목적이 하나님 자신이 만물로부터 찬양 받으시기 위함인데, 그래서 만물로부터 찬양받으시는 것은 물론이요, 사람에게도 찬양받으시기를 원하시는 것이 아닐까?

음악도 하나님이 만드신 작품

하나님께서 여자들로부터는 꾀꼬리 같은 아름다운 고음으로 찬양받기를 원하시고, 남자들로부터는 굵직한 저음으로 찬양받으시기를 원하시는 우리 하나님, 얼마나 멋있는 하나님인가?
그 하나님이 찬양받으시기 위해 그렇게 창조하신 것이겠지.

우리 목에서 나오는 우리의 음정이라도, 우리 것이 아닌 이유가 바로 하나님이 그렇게 창조하셨기 때문 아니겠는가?
우리가 아름답게 소리를 내서 찬양할 수 있는 것은 우리 자신이 만든 것이 아니라, 바로 하나님께서 우리에게 주신 선물인 것이다.
그러니 하나님을 찬양하는 것이 마땅하지 않겠는가?

그것도 한 옥타브의 차이로 남자와 여자가 서로 다른 음정을 내도록
성대를 만들어 주셨으니, 그야말로 하나님이 스스로 찬양받으시려
고 노래를 부르는 우리들의 성대도 하나님이 직접 설계하신 것이 아
닐까?

남자와 여자가 함께 찬양(노래)을 부를 때, 아름다운 화음이 되도록
창조하신 것, 참으로 놀라운 하나님의 지혜의 작품 아니겠는가?

음악은 사람이 만든 발명품이 아니라, 하나님이 자기 자신을 위해, 우
주 만물과 사람으로부터 찬양을 받으시기 위해 하나님이 창조하신
작품인 것이 분명하겠지?

세상에 얼마나 많은 소리가 있는가?
물소리, 바람소리, 새의 소리, 동물의 소리. 그 모든 소리가 다 사람이
듣기에는 노래로 들리지는 않겠지만, 하나님은 그런 소리마저도 모
두 음악으로 들으시는 것처럼 새 소리도, 사람의 찬양도 들으시기를
좋아하실 것이다.

하나님이 그렇게 소리를 만드셨기에 음악도 만들어진 것 아니겠는
가?

그래서 피아노도, 기타도, 바이올린도, 그 많은 악기들이 있는 것 아니겠는가?

하나님은 그 소리와 음악(찬양)을 들으시기 위해서 음파도 만들어 주신 것이다. 소리가 음파로 전파되지 않으면 아무리 아름다운 소리와 음악이라도 들을 수 없을 테니까. 노래 부르는 소리가 우리 귀에 들리도록.

그런 음파까지도 하나님이 만들어 주셔서 사람도 동물도 그런 음악을 듣게 하시고 하나님도 기뻐 들으시는 것이다. 그것이 모두 다 놀라운 하나님의 지혜요, 설계가 아니겠는가?

노래(찬양) 잘 한다고?
피아노 잘 친다고?
그것 때문에 박수 받고 싶겠지?
그것 사실은 우리가 받을 영광이 아니다.
하나님께 드려야 될 영광이지.
하나님이 그 음악을 만드신 목적이 하나님 자신이 기쁘게 받으시려는 뜻이니까.

할렐루야! 하늘에서 여호와를 찬양하며 높은데서 그를 찬양할지어다.
그의 모든 천사여 찬양하며 모든 군대여 그를 찬양할지어다.

해와 달아 그를 찬양하며 밝은 별들아 다 그를 찬양할지어다.

하늘의 하늘도 그를 찬양하며 하늘 위에 있는 물들도 그를 찬양할지어다.

이 백성은 내가 나를 위하여 지었나니 나의 찬송을 부르게 하려 함이니라.

23
당신의 위장은 오염될 염려가 없는가

공기도 식수도 토양도 오염
언어도 혈액도 마음도 오염
양심도 윤리도 행동도 오염

왜 과일을 까서 먹어? 껍질에 영양분이 많은데 껍질째 먹어야지. 영
양분이 많은 껍질은 벗겨 버리고, 과일 속만 먹으면 그저 단물만 먹는
격이라던데.

물론 지당한 말이다. 사과나 감 같은 과일은 껍질에 영양분이 많다고
한다. 그래서 깎지 않고 먹는 것이 좋다는 이야기다.

헌데 근래에는 사과를 껍질째 먹으면 응급차에 실려 병원에 갈 수도
있다. 껍질에 묻은 농약 때문이다. 때로 사과를 물로 잘 씻어도 껍질

에 흡수된 농약을 먹을 수 있다.

요즘은 삶의 질이 좋아져서 차(茶)를 즐기는 사람들이 많은 것 같다. 차에 어떤 이물질이 들어 있을 리 없다고 생각하니 안심하고 즐기는 것 같다. 그런데 유기농 차(茶)인데도 이물질이 있다는 소식이다. 차에서 농약이 검출됐다는 것이다.

그러면 친구나 친척 집을 방문했을 때, 차를 대접받으면, 먹어야 할까, 먹지 말아야 할까 걱정이 앞설 것이다.
유기농 고급차(茶)라고 하면서 정성껏 대접하는 차(茶)인데 먹자니 농약을 먹는 느낌이고, 안 먹자니 손님 대접한 분의 성의를 무시하는 행위가 되는 것이 되니, 어떻게 하는 것이 현명할까?

세상을 만드신 하나님께서는 최초의 사람, 아담과 하와에게 채소와 열매를 인류 최초 음식으로 주셨다. 그들은 에덴동산에 살면서 음식으로 주신 채소와 열매를 먹고 살았다. 그러기 때문에 그들은 음식의 오염은 염려할 필요도 없었을 것이고, 아무런 병도 없었을 것이다. 그때는 오염이 없었으니까.

오염이 없었던 그들에게 첫 번째 위장 오염이 시작되었다.

하나님이 금하신 선악과를 먹었기 때문이다. 사탄의 괜찮다는 속임수에 넘어가서 먹었기 때문이다. 사탄의 말대로 괜찮은 것 같이 보였던 그 과실을 먹었기 때문이다. 물론 농약과 같은 오염은 아니다. 그러나 하나님이 정녕 죽을 것이라는 경고를 무시한 행위는 오염보다 더 무서운 결과를 가져올 수밖에 없었던 것이다.

다시 말하면 오염보다 더 무서운 죽음을 피할 길이 없게 되었다는 뜻이다.

마치 오늘날 유전자 조작 식물이나, 환경호르몬이 누적된 음식을 먹어도 괜찮다는 주장에 우선은 괜찮아 보이지만 결국은 암이나 불치병이 되어 사망에 이르는 것과 같은 이치이다.

그런데 분명한 것은 창조 때 최초의 사람에게 오염 되었던 것은 오염의 시작이었지만 지금의 오염은 위장에 아주 심각한 부담을 주고 있다는 점이다. 시간이 지남에 따라 오염에 오염이 더욱 가중되고 있기 때문이다.

만약 해충에 잘 견딜 수 있는 유전자를 받은 농산물이라면 해충이 그 식물의 잎도, 꽃도, 열매도 먹을 수가 없을 것이다.

먹었다가는 오히려 해충이 죽을 수 있기 때문이다.

해충이 죽을 정도로 유전자가 강하다면 유익한 곤충인들 먹고 죽지 않는다는 보장이 있겠는가?

이는 분명 음식이 오염이 되고 있다는 증거이다.

사람은 오염에 노출돼도 우선은 직접 영향을 받지는 않는다.

오염된 공기를 호흡해도, 오염된 물을 마셔도, 오염된 음식을 먹어도 직접 영향을 받지는 않는다. 해충보다 몸이 월등히 크고 우리 몸에 면역력이 있기 때문이다. 그런데 오염이 계속 누적이 되면 어떤 현상이 일어날까?

문명이 발달하면서 오염이 계속 누적되는 것이 또 있다. 환경호르몬이다. 환경호르몬은 오염 중에도 제일 심각한 오염일 것이다.

인간이 편리함을 추구하면서 발달하고 있는 문명 때문에 환경호르몬은 이제 피할 수 없는 오염되고 있다.

우선은 식물이 오염되고, 다음은 동물에게 오염되고, 최종적으로 그 오염 물질이 도착하는 곳이 우리 위장인 것이다.

왜 암이 증가하는지, 왜 불치병이 많아지는지, 왜 동물의 개체수가 적어지는지, 왜 불임증이 많아지는지, 왜 동물들이 짝짓기를 싫어하는지, 왜 생태계에 멸종이 증가하는지, 왜 남자의 정자수가 줄어드는지, 왜, 왜, 왜? 그 의문은 분명 오염 때문일 것이다.

"당신의 위장은 오염될 염려가 없으십니까?"

24
인구는 늘고 땅은 줄어들고

지구가 더 커질 수는 없을까?
과학의 법칙이 허락을 않겠지?
수용인구가 넘칠 텐데...?

모든 생명체는 날 때가 있고 죽을 때가 있다. 수명이 있다는 뜻이다.
생명체들이 살고 있는 이 지구도 수명(壽命)이라는 것이 있을까?
지구는 생명체들이 살 수 있도록 땅과 물을 공급하고는 있지만, 지구
자체를 생명체라고 할 수는 없는데, 그 지구도 역시 수명이라는 것이
있는 것일까?

수명이란 것이 없다면 지구는 다른 생명체들처럼 죽을 필요는 없을 테
니 지금과 같은 모양으로 영원히 존재할 것이라고 확언할 수 있을까?
지구가 생명체들을 길러내는 모체라고 할 수 있는데 말이다.

지구촌 인구는 증가하는데

지구촌에 사는 많은 사람들이 지구를 살리자고 하는 것은 무엇 때문일까?

사람들의 눈에 보이는 이 지구의 모습에서도 지구가 병들어 죽어가는 모습과 그런 징조가 보이기 때문일까? 그러면 지구도 수명이 있다고 해야 될까?

2011년에 지구촌 인구가 70억 명을 넘었다고 한다.

지난 수년간의 지구촌 인구 증가 수치를 보면, 일 년에 약 7,000만 명이상 늘어나는 것 같다. 지구의 인구가 계속 늘어간다면 지구가 수용할 수 있는 최대 인구수가 멀지 않아서 포화상태를 지나서 넘칠 것 같은 느낌이다.

그 후에 지구는 어떻게 될 것인가?

테러로 많은 사람이 죽고, 지진이나 쓰나미와 같은 천재지변으로 많은 사람이 희생당하고, 점점 더 늘어만 가는 난치병으로 많은 사람이

목숨을 잃는다고 해도 지구촌 인구는 계속 늘어날 것이 분명하지 않겠는가?

그렇게 되면 한계가 있는 지구이기에 식수도, 식량도, 창조된 모든 재원도 바닥이 들어날 것이 분명하니 문제가 심각해질 것이다.
지구촌을 풍요롭게 만들려는 환경운동가, 정치가, 과학자들이 계속해서 연구하면서 노력하고는 있겠지만 성과가 별로인 것 같다.

인류의 생활공간은 줄어들고

문제는 인구 증가에 따라 사람들이 모이는 곳마다 도시화 되면서 식량을 생산해야 할 농경지가 줄어들어가는 것이 사실이다. 사람들이 활동해야 할 지역들이 모두 콘크리트로 덮여가고 있기 때문이다.

사람에게는 삶을 더 윤택하게 만들려는 욕망이 있기 때문에, 도로를 더 건설해야 하고, 주차장을 더 넓혀야 하고, 공원을 더 만들어야 하고, 공장을 더 지어야 하고, 골프장을 더 만들어야 하고, 공로자들의 기념비를 더 세워야 하고, 지구에서 살고 떠난 사람들을 추모하기 위해 묘가 더 필요하게 되고, 그래서 농경지가 점점 더 좁아지고 있는 실정이 아닌가?

더 많은 식량을 생산해도 모자랄 판국인데도 지구 표면이 점점 더 굳어져 가고 있다는 이야기다. 지구가 숨을 제대로 쉬지 못하도록. 콘크리트로 옷을 입히고 있는 것 같다.

그뿐인가? 심지어 질병을 운반하는 모기들의 서식지를 메우려고 강바닥까지 콘크리트로 덮어야 하는 형편이 되었으니 사람의 활동 영역이 모두 시설물이나 건물, 또는 콘크리트나 인조 잔디로 덮여가고 있다.

흙을 밟고 살아야 할 사람이 매일 콘크리트 위에서만 생활을 하게 된다는 이야기다. 그러니 멀지 않아서 지구도 호흡 곤란으로 거대한 산소 호흡기를 달아야 되지 않을까 염려가 된다.

엎친 데 덮친다고 하더니 편리를 추구하는 사람들의 생활 때문에 만들어지는 생활 쓰레기, 문화 쓰레기, 소비성 쓰레기, 환경 쓰레기, 심지어 원자로 쓰레기까지 처리가 심각해진다.

그렇다고 우주에 가져다가 버릴 수도 없고, 그런 쓰레기들이 이제는 땅과 바다까지 덮여가고 있으니, 사람이 쓰고 버린 그 쓰레기가 이제는 역으로 사람을 공격하고 있는 형국이 되어가고 있는 실정이 아닌가?

더 커질 수 없는 지구인데 인구는 계속 늘어가고 사람들의 생활공간은 점점 줄어들고 있으니, 하나님이 지구를 이만큼의 크기로 만드신 이유에서 그 답을 찾아야 되지 않을까 하는 생각이 든다.

25
치료가 절실히 필요한 지구

말기에 접어든 암환자 같은
중병을 앓는 안타까운 지구
지구가 얼마나 더 견딜 수 있을까

하나님은 모든 자가 치유 능력을 주셨다.

그래서 사람에게 어떤 병이 침입했을 때에, 때로 병원에 가지 않아도
스스로 치유되고, 또는 약을 복용하지 않아도 병이 저절로 낫는 경우
를 흔히 볼 수 있는 것이다.

스스로 치유될 수 있는 능력을 갖도록 우리에게 면역력을 주셨다는
이야기다.

그런 현상은 식물에게도, 짐승에게도, 마찬가지다.

이는 하나님의 놀라운 창조의 지혜와 설계요, 생명체에 주신 하나님

의 사랑의 선물인 것이다. 하나님께서 생명체에 주신 자가 치유의 능력과 같은 것을 우리가 사는 지구에도 설계해 놓으셨다. 그것을 우리는 자정능력이라고도 한다.

지구가 수천 년 동안 얼마나 많은 수난을 겪었는가?
생명체들이 먹고 배설하고, 사용하고 버리는 쓰레기, 불에 타고, 녹슬고 썩어서 버리고, 그 외에도 사람의 생각으로는 도저히 재생이 불가능해서 폐기해야만 되는 물건들이 얼마나 많았던가?

그런 것들을 한번도 지구 밖으로 내다 버린 일이 없는데도 지구는 수천 년 동안을 견뎠으며 신선함을 유지하고 있다.
왜일까?
지구도 자가 치유 능력(자정능력)이 있기 때문이다. 하나님이 그렇게 설계해 놓으셨기 때문이다.
그런데 그런 자가 치유 능력(자정능력)에는 어떤 한계가 있는 것 같다.

예를 들어 우리에게 가벼운 감기가 왔을 때에는 혹 병원에 가지 않아도, 약을 복용하지 않아도, 스스로 치유가 될 수가 있다. 하지만 감기를 치료할 수 있는 시기를 넘겨 도가 지나고 더 악화되거나 폐렴으로 발전하게 되면, 몸이 스스로 치유할 수 없는 단계에 이른다는 이야기다. 그때는 분명 의사에게 찾아가 의술의 도움으로 치료를 받거나, 아니면 약을 복용해야만 치유가 가능하게 될 것이다.

근래 수십 년 동안 지구촌에 사는 사람들의 입에서 지구를 살리자고 한다.
왜 그럴까? 지구가 중병이 들어 죽어가고 있기 때문이다.
지구가 스스로 자가 치유할 능력(자정능력)의 한계를 넘어섰기 때문일 것이다.
사람도 병이 중하면 자가 치유 될 수 있는 단계를 넘어 의사의 도움이나 약을 복용해야 되는 것처럼, 지구도 전문가의 도움이 필요하다는 뜻일 것이다.

죽어가는 지구를 살려야만 한다는 절박함 때문에 지구촌에 사는 전문가들, 과학자들, 환경운동가 들이 지구를 살리기 위해 노력하는 모습이 보이고 있다. 죽어가는 지구를 살리는 처방이 필요하기 때문일 것이다.

그 처방이 무엇인가? 그들 나름대로 내린 처방이 지구 온난화 방지, 생물다양성 보존, 지구 환경보호 등이며 거기에 힘을 쏟고 있는 것 같다. 지구를 치료하자는 뜻일 것이다.

과연 지구가 치료되어가고 있는가?

우리가 보기에는 공기 오염은 더해 가고, 물은 점점 더 오염되어 식수 고갈 현상이 일어나고, 빙하는 빠른 속도로 녹아 바다 수면이 더 올라가 수몰되는 땅이 늘어나고, 농경지가 사막으로 변하는 곳이 많아지고, 생태계에는 점점 멸종이 심해 동물들의 개체수가 줄어들고, 곡물 생산을 늘리려고 유전자 조작을 하지만 곡식은 점점 부족해지고, 마치 지구의 신음소리를 듣는 느낌이 든다.

지구는 치료가 가능한 것인가?
지구가 아직도 자정능력을 충분히 가지고 있는 것인가?
처방대로 약을 쓰면 죽어가는 지구가 살아날 수 있겠는가?
문제는 사람이 지구를 치유할 수 있는 전문가가 될 수 있는가 하는 점이다.

하나님이 창조하신 지구를 사람의 지혜와 능력으로 치유가 가능할까?
지구의 병이 이미 자정능력의 도를 넘은 것 같은데.
그것은 인류의 심각한 숙제다.
지구의 병이 사람 때문에 생겼으나 사람의 의술로는 고칠 수 없도록 병이 깊어진 것 같다.
그 병을 해결하실 분은 오직 하나님뿐일 것이다. 우리는 하나님이 어떤 처방으로 고치실지 기다릴 수밖에.

"보라 내가 땅을 본즉 혼돈하고 공허하며 하늘에는 빛이 없으며"
자신이 창조하셨던 지구를 바라보면서 하시는 하나님의 말씀이다.

PART **2**

토끼와 함께
떠나는 신비여행

01
토끼와 함께 떠나는 신비여행

이름이 뭐냐고요? 토끼예요. 그냥 토끼라고 불러주시면 돼요. 나 같은 미물이 무슨 특별한 이름이 있나요. 그냥 토끼지요. 풀이나 먹고 털가죽 옷을 입고 사는 미물이 토끼라는 이름을 가진 것만도 영광이지요.

우리 토끼들은요, 본이 하나밖에 없어요. 그래도 토끼들에게는 파(派)가 셋이나 있지요. 놀라셨지요? 토끼 같은 미물들에게도 사람처럼 성과 파가 있다고 하니까, 놀라시는 거죠? 무슨 파가 있는지 궁금하시나요? 사는 장소가 달라서 나누어진 파인데요. 각 파마다 성(姓)만은 따로 쓰고 있어요. 우습지요? 이름이 같은 대신 성이 셋이니까요.

파마다 어떻게 다른 성을 쓰냐고요? 우리들의 성은요, '집'과 '산'과 '옥' 이렇게 세 가지예요. 그러니까 집토끼, 산토끼, 옥토끼 그렇게 세 성이 세 파가 된 셈이지요.

옥토끼는 옛날에 저 달의 계수나무 밑에서 살았대요. 너무 멀어서 가보지도 못하고요. 소식도 끊어진지가 오래 됐어요. 암스트롱이 달에 갔을 때, 암스트롱도 그 옥토끼를 만나보지는 못했다나 봐요. 그래서 내 생각에는요, 멸종되지 않았나 하는 생각이 들어요. 그러니까 지금은 집토끼, 산토끼 두 성만 지구에 남아 있는 셈이 됐어요.

그런데 우리 토끼들은요, 사람들의 귀염을 받으며 사는데도 가끔은 사람들이 미울 때가 있어요. 집토끼는 가끔 실험용으로 쓴다나요. 그런 때는 엄청 무서워요. 실험실에 꼭 묶어 놓고요, 주사 바늘로 찌르기도 하고요, 눈에다 무슨 약을 넣는 것도 보았어요. 아주 심한 고문을 받는 느낌이에요.

또 산토끼는 눈이 올 때면 먹을 것이 없잖아요? 그럴 때면 먹을 것을 찾아 헤매야만 돼요. 그래서 배가 고파 죽을 지경인데요. 사람들이 토끼몰이를 하잖아요, 글쎄. 그 불쌍한 토끼들을 말이에요. 배가 고픈데도 그럴 때는 기를 쓰고 도망을 다녀야 해요. 눈 속에 숨어도 소용없어요. 결국은 잡힐 수밖에요. 굶었으니 무슨 기운이 있겠어요? 아마 잡아도 산토끼 간은 없을지도 몰라요. 도망하느라 간이 콩 만해졌으니까. 생각하면 토끼가 불쌍해요.

그래도 나는 아무 문제가 없어서 좋아요. 내가 사는 동네는요. 눈도 안 오니까 그런 걱정은 없어요. 헌데 가끔은 늑대가 나타나요. 그런 땐 혼이 다 나가는 것 같아요. 그래도 우리 동네는 가시덤불 숲이 아주 많아서요. 정신만 차리고 있으면 괜찮아요. 숲 속에 숨을 곳이 얼마든지 있으니까요. 거기가 어디냐고요? 이등계곡(eaton canyon)이라는 곳이에요. 제가 그렇게 번역을 했어요. 이등이라고. 여하튼 그 계곡은 산 아래 골짝인데요. 일기가 늘 따뜻한 곳이에요.

어떻게 아저씨하고 신비한 세계 여행을 떠나게 되었느냐고요? 아저씨는 늘 산행을 다니시는 분인데요. 아저씨가 산행을 시작하는 길목에서 내가 살기 때문이죠. 아저씨가 산행을 시작하려면 우리 동네를 지나시거든요. 그때 의례히 나하고 만나게 돼요. 처음에 아저씨를 만났을 때, 난 겁을 먹었었지요. 아저씨가 사람이니까, 위협을 느꼈어요. 그래서 난 아저씨를 만날 때마다 한 동안은 도망을 다녔어요. 무서워서.

헌데 아저씨는 나에게 전혀 그런 위협은 주지 않았어요. 하루는 여행을 같이 가자고 그러세요. 신비한 창조세계 여행을요. 처음엔 머뭇거렸는데 결국 모험을 하기로 했어요. 지금 와서 생각해 보니까 참 잘 한 것 같아요. 나 같은 미물이 언제 그런 하나님의 신비를 경험할 수 있겠어요? 정말 감사하지요.

토끼 주제에 무슨 신비한 여행이냐고요? 그런 말씀하지 마세요. 나도 하나님의 신비를 믿으니까요. 신비가 없었다면 내가 이렇게 존재할 수 있겠어요? 내가 이렇게 생명을 가지고 존재하는 것을 보면요, 신비의 하나님이 계신 것을 알 수 있는 것 아니겠어요? 또 내가 풀을 먹으며 평화롭게 생을 누리며 살고 있다는 것은요, 하나님이 나 같은 미물도 사랑하신다는 증거가 되는 것이고요.

어떻게 감히 토끼가 사람과 신비여행을 하느냐고요? 호호, 나를 너무도 모르시네요. 내가 사람만 못하다고 생각하세요? 한번 비교해 보시겠어요?

우선 내가 사람보다 귀가 크지요? 아주 잘 들을 수 있어요. 사람은 난청이 있을 수 있지만 우리는 난청이 무엇인지조차 몰라요. 난청이 없으니까요.

냄새 맡는 거요? 내 코를 보세요. 사람보다 몇 배는 잘 맡아요. 내게 꼭 필요한 것만 냄새를 맡아 골라 먹을 수 있거든요. 그래서 사람은 식중독이 있어도 나는 식중독이 없어요.

눈이요? 시력 말씀이지요? 사람은 시력이 나빠지면 안경을 쓰지요? 우린 안경 쓸 필요가 없어요. 눈이 좋으니까. 사람은 녹내장이며 백내장 같은 것 때문에 고생하지요? 우린 그런 것 없어요.

이빨이요? 사람들은 이가 상하게 되니까 다 빠지는 수가 있지요? 그래서 틀니를 하구요. 우린 일평생 틀니가 필요 없어요. 이가 튼튼하니까요.

옷이요? 사람들은 옷이 더러워지니까 옷을 자주 갈아입지요? 우린 생전 갈아입을 필요가 없는 털가죽 옷을 입고 살아요. 추위도 막아주고 더위도 막아주는 춘하추동복, 그러니까 평생복이에요.

그것 말고 또 무엇을 알아볼까요?

아, 골다공증이요? 우린 조물주께서 일평생 다 책임져 주시나 봐요. 골다공증이 없으니까.

먹는 것이요? 사람들이 우리보다 잘 먹는 것 같지요? 그런데 왜 소화불량이네, 고혈압이네, 당뇨네, 그런 병들을 갖게 되지요? 먹는 것이 우리만 못하기 때문이에요. 우린 전부 채식으로 먹어요. 그러니까 채식주의자들인 셈이지요. 그것도 유기농 식품으로만 먹어요. 비료 주고, 농약 뿌리고, 그런 것 하지 않아도 돼요. 그래서 절대 난치병이 없어요.

사람들은 병이 들면 자기 자신이 고치지 못하고 의사를 찾아가지요? 우린 의사도 필요 없어요. 왜 의사가 필요 없느냐 그거지요? 우리 병이 없지만 혹 병이 들면요, 스스로 고칠 수 있으니까요. 그것도 하나님이 주신 지혜에요.

미안해요. 말이 너무 길었나 봐요. 토끼 주제에 어떻게 신비여행을 하느냐고 하시기에 좀 기분이...... 그래서 길게 설명하다보니 말이 길어진 것 같네요.

그래도 한 가지 더 말씀 드리고 싶네요. 사람들은 교육을 받아야 아는 것이 많아지지요? 배우지 못했거나 사람답지 못하면 사람들이 무어라고 하나요? 짐승 같은 놈이라고 하지요? 그렇지만 우리 토끼 보고 짐승 같은 토끼라고 하는 사람 보셨어요? 없지요. 오히려 예쁜 토끼 그러잖아요? 여하튼 우리 토끼는 교육도 필요 없어요. 교육 없이도 낙오자가 하나도 없으니까요. 생육하고 번성하는 문제요? 그거 하나님이 이미 알게 해 주셨어요. 하나님이 가르쳐 주신 것은 다 잊지 않고 실천하면서 살아요.

그런데 왜 사람들은 우리 토끼를 그렇게 얕보지요? 나중에는 우리 몸까지 다 사람들에게 바쳐서 헌신하는데도요. 고기로, 가죽으로, 털로. 조금은 가엾게 생각되지 않으세요? 하지만 그것도 하나님이 우리 토끼를 창조하신 목적이라면 기쁘게 드려야지요. 토끼 주제에 이제 더 불평하지 않겠습니다.

여하튼 내가 아저씨하고 경험하게 될 신비여행을 지켜봐 주세요. 하나님의 지혜와 그 오묘하신 설계, 거기에 하나님의 신비가 있으니까요. 우주 만물은 하나님의 위대하신 걸작품이라는 사실도 충분히 경험하게 되실 것을 믿겠어요.

02
떠나야지 여행을

 어느 날 아저씨는 생각에 잠기어 걷다가 토끼를 만났다.

"얘, 토끼야!"

"네, 아저씨."

"이제 떠나야지?"

"어딜요?"

"야, 이 녀석아. 여행가자고 약속했잖아. 신비여행 말이다."

"아차, 그렇지요. 깜빡하고 약속을 잊었네요, 아저씨. 하지만 준비
는 언제나 돼 있으니까요. 지금 떠나면 돼요. 털옷 입고 사는 놈이 무
슨 준비가 필요한가요. 가시지요. 아저씨. 전 언제나 이렇게 떠나면
되니까요."

"토끼야. 너 오늘 나하고의 약속을 잊을 뻔했지?"

"네, 잊을 뻔했어요."

"그런데 말이다. 약속이라는 것은 참으로 중요한 것이야. 내가 보기에는 이 우주는 모든 것이 약속으로 이루어졌고 약속으로 운행되는 것 같아. 그 약속은 피조물들은 반드시 지켜야만 하는 약속인 것 같아. 피조물들의 뜻으로 약속을 한 것이 아니라, 하나님이 일방적으로 약속을 주셨기 때문에 꼭 지켜야만 되는 약속이라는 이야기야."

"약속을 지키기 싫어도 지켜야만 한다는 말씀이에요?"

"그래. 그 약속은 꼭 지켜야만 되는 약속이야. 예를 들면 말이다. 봄이면 식물은 싹이 나고 꽃이 피지. 가을이면 열매를 맺고. 예외가 없어. 식물이 제 멋대로, 아무 계절이나 싹 나고 꽃 피고 열매를 맺을 수 있겠니? 그럴 수가 없지. 그거 시간에 대한 약속이야. 하나님이 그렇게 시간을 지키도록 약속을 주신 것 아니겠니. 그래서 식물들은 그 약속을 지키고 있는 것이야. 사람도 봐라. 자신이 세상에 오고 싶어서 온 것이 아니라 평균 70년이나 80년이란 시간의 약속을 받아가지고 왔어. 그러기 때문에 그 기간을 살고 돌아가야만 하는 것이야. 거부할 수가 없어 그 약속을 지켜야지. 그거 모두 시간 약속이라는 이야기야. 장소도 약속을 받았어. 봐, 식물도 동물도 공중에서는 살 수가 없잖니? 땅에서 살아야지. 약속으로 주신 땅을 떠나서는 살 수가 없어. 그거 장소의 약속이야. 이렇게 하나하나 살펴보면 모두 약속을 지켜야 하고 우주 만물이 약속으로 운행이 되고 있다는 사실을 발견할 수가 있을 거야. 그렇잖겠니? 쉽게 말해서 사람의 생각대로 세상이 돌아가는 것이 아니라, 하나님의 생각과 계획대로 우주 만물이 돌아간다는 거야. 그게 바로 하나님의 약속하신 대로 돌아간다는 이야기인 것이야."

토끼는 대답 대신 머리를 끄덕였다. 그렇다고 수긍하는 눈치였다. 아저씨는 또 혼자 생각하면서 걸었다.

약 속

시간과 계절이 왜 약속대로 찾아올까
개나리, 진달래, 철쭉꽃은 누구와 약속했기에 봄에만 필까
누가 연어에게 자손을 낳을 때가 되면 고향에 돌아가라고 했을까
지구가 24시간에 한 번 자전하는 것이 제 생각에서일까

아브라함이 100세에 이삭을 낳은 것은 믿음 때문인가, 약속 때문인가
모세가 출애굽을 지도한 것은 지도력인가, 약속인가
이스라엘이 메시아를 대망하는 것은 민족애인가, 약속인가
예수님의 십자가 보혈은 자신의 죄 때문인가, 약속 때문인가
세상에 말세의 징조가 보이는 것은 자연현상인가, 약속 때문인가
예수님은 왜 세상에 다시 오신다고 하셨을까
분명 약속 때문이겠지?

"토끼야. 네 생일이 언제지? 네가 태어난 날 말이다."

"네? 생일이라고요? 아저씨도 참! 저 같은 미물이 무슨 생일이 있습니까?"

토끼는 속으로 중얼거렸다.

'생일 좋아하시네요. 아저씨. 난 토끼에요, 토끼. 풀이나 먹고 사는 토끼요. 토끼 주제에 생일을 알아 어디에 쓰려고요.'

아저씨가 토끼의 중얼거리는 소리를 알아들었는지,

"아니야. 살아있는 것들은 생일이 있고, 죽는 날이 있는 거란다. 네가 네 생일이 언제인지 모른다고? 하지만 분명한 것은 네가 태어난 날이 있을 것 아니냐? 그리고 죽는 날이 있다는 것도 알 것이고. 모든 생명체는 태어난 날이 있고, 나름대로 수명이라는 것이 있게 마련이니까."

토끼가 머리를 꺄우뚱하더니,

"그럼, 우리가 사는 지구도 생일이 있고 수명이 있겠네요."

"암, 있고말고. 지구도 역시 생일이 있고 수명이 분명 있단다."

"그 생일이 언젠데요, 지구의 생일이?"

"지구의 생일이 있는데, 그날을 태초라고 한단다."

"태초라고요? 태초가 무엇인데요?"

"태초는 말이다. 시간이라는 것이 시작된 날이야. 그날에 지구도 탄생했고 시간도 시작이 된 것이지."

잠시 후 토끼가 다시 질문을 했다.

"그런데 아저씨. 생일을 알면 나이도 알 수 있겠지요?"

"암, 알 수 있고 말고."

"그런데 왜 사람들은 지구의 나이를 모르지요?"

"누가 그런 말을 하든? 사람들이 지구의 나이를 모른다고."

"사람들이 지구의 나이를 수백억 년이나, 수십억 년이라고 말하는 것을 보면요. 나이를 모른다는 뜻이나 마찬가지 아니겠어요? 어떻게 수백억 년 전 일을 알 수 있겠어요? 모르니까 그런 말을 하는 것이겠지요. 그거 지구의 생일과 나이를 모른다는 뜻 아니겠어요?"

"그래, 네 말도 맞는 말이다. 모르니까 추측으로 길게 잡아 말하는 것일 게다. 저절로 생겼다고도 하고, 진화되었다고도 하고, 빅뱅으로 되었다고 하기도 하고 말이다."

생명을 간섭하고 있는 시간

생명체는
시간의 간섭을 받으면서 살아가는 것이로구나
1년생 식물은 1년의 삶을 약속 받았는데
여러해살이가 될 수 없고,
평균수명이 칠팔십 년인 사람은
아무리 보약을 먹고 운동을 해도
이삼백 년을 살 수 없다는 것은
시간의 간섭을 받기 때문이 아니겠는가

나이가 들어 얼굴에 주름살이 생기면
아무리 젊어지려고 피부를 관리하고, 성형을 하고, 주름살을 잡아매도
시간의 간섭에 마음도 몸도 늙어지는 것,
어쩔 수 없는 일이 아닐까

누가 그런 말을 했던가?
'나뭇잎이 떨어지기에 바람인 줄 알았더니 세월이었구나'라고
식물도 시간의 간섭을 받고 있다는 뜻이 아니겠는가?
시간이 흘러서 계절이 겨울 문턱에 와 있는데
잎이 나뭇가지를 꼭 붙들고,
안 떨어지려고 발버둥을 쳐도
시간이 간섭을 하고 있으니 별 수 없는 것이리라

"그런데 아저씨, 저 같은 미물은요. 그저 태어났으니까 살다가 죽으면 그것으로 그만이지만요. 그 시간이라는 것이 없으면, 아저씨도 이 세상에 태어나지도 못하셨겠네요?"

"물론이지. 시간이라는 것이 없으면 생명체뿐 아니라, 우주도, 만물도 있을 수가 없어. 왜냐하면 하나님께서 영원 속에 제한된 시간을 만드신 이유가 말이야, 바로 제한되고 한계가 있는 존재를 두기 위해서 만드셨으니까."

"제한된 존재를 두기 위해 시간을 만드셨다, 그 말씀이지요? 아저씨나 저 같은 것을 두기 위해서."

"그래, 바로 그거야. 너나 나는 한계가 있는 생명이니까."

"아저씨. 그럼 그 시간이라는 것을 어떻게 설명해야 되지요? 시간이 도대체 무엇인가요? 아무리 생각해봐도 시간이 무엇인지 나는 모르겠어요. 볼 수도 없고, 만질 수도 없잖아요?"

"앗따, 우리 토끼씨. 시간이 무엇인지를 연구도 하고 있네. 그래, 토끼야. 잘 들어봐."

"네, 아저씨 말씀해 주세요."

"생명체는 모두가 시간 속에 살고 있지만, 아직 아무도 그 시간이라는 것을 아는 사람이 없어. 시간이 무엇인지를 몰라. 시간이 왜 흐르는지, 시간이 지나면 왜 생명체가 늙어 가는지, 수명이 다하면 왜 죽는지 아무도 몰라. 나도 시간이 가니까 얼굴에 이렇게 주름이 하나하나 생기지 않니? 너나 나나 시간 속에서 살고 있으니까 어쩌면 알 것도 같은데, 아무도 모르는 거야. 너도 시간을 알 것만 같지? 그런데도 모르지? 그런 것이 바로 신비야. 사람이 만들 수 있는 것이 아니니까. 너도 생각해 봐라. 누가 시간을 만들었다고 말하는 이가 있었나."

"네, 그런 것 같네요. 그런데 아저씨. 왜 지구가 그렇게도 늙어 보이지요? 내 눈으로 보고 짐작해도 정확히는 말을 할 수 없지만, 늙어 보이는 것만은 사실인 것 같아요."

"허허. 우리 토끼가 궁금한 것이 아주 많구나. 우리 이렇게 생각해보자. 어느 날 갑자기 한 쪽에는 갓난아기가 태어났고, 다른 쪽에는 어른이 태어났다고 하자. 그 때 갓난아기는 갓 태어났으니 어려 보일 것이 분명할 것이고 말이다. 어른은 갓난아기처럼 태어날 수 없는데도 갑자기 나타났으니 그 어른이 얼마나 늙었는지는 알 수도, 짐작할 수도 없을 것이다. 바로 그런 이치야. 창조 때 이미 성숙한 어른으로 사람이 창조되었으니까 나이를 정확히 모른다는 뜻이다. 마찬가지로 하나님께서 지구를 어린 아기로 태어나게 하신 것이 아니라는 이야기야. 창조 때 이미 성숙한 지구를 창조하셨기 때문에 지구가 생긴 지가 오래 되지 않았어도 이미 늙어 보이는 것이란다. 이해가 되겠느냐?"

토끼가 기뻐서 펄쩍 뛰었다.

"바로 그것이군요. 지구가 성숙한 상태로 창조되었기 때문에 보통 사람들이 지구의 나이를 정확히 모르니까, 늙은 지구로 보는 거군요. 이제야 확실히 이해가 되네요, 아저씨."

"시간이 도대체 무엇인가요?"
"생명체는 모두가 시간 속에 살고 있지만,
아직 아무도 그 시간이라는 것을 아는 사람이 없어.
그런 것이 바로 신비야.
사람이 만들 수 있는 것이 아니니까."

태초라는 것

이 우주의 시간이 태초부터 시작되었다는 것,
그것은 부정할 수 있는 문제가 아니다
태초부터 우주도 만물도 시간 속에 들어오게 된 것이기 때문이다
그러니까 그 태초라는 시간부터 모든 것이 시작했다는 뜻이다
우주 운행의 역사도
인류의 역사도

그러면 하나님도 태초부터 계시게 된 것일까?
그럴 수가 없다
창조주 하나님이신데...

만약 창조주이신 하나님이 태초에 이미 존재하지 않으셨다면
시간도 우주도 만물도 창조가 불가능하기 때문이다
이미 존재하셔야 우주 만물을 창조하실 수 있을 테니까

그렇다면 태초는 적어도 두 개의 태초가 있어야 할 것 같다
하나는 하나님이 우주 만물을 창조할 때의 태초요,
다른 하나는 하나님이 존재하셨던 영원 속의 태초일 것이다

우주 만물을 창조할 때의 태초는
우주 만물 운행의 시작과 제한된 역사가 시작했던 태초요,
영원 속의 태초는 창조된 태초가 아니라
하나님과 함께 하는 시작도 끝도 없는 영원의 태초일 것이다

생각에 몰두하던 아저씨가 토끼에게 물었다.

"얘, 토끼야."

"네, 아저씨."

"너 달나라로 이사할 생각은 없니? 여기서 보기엔 참 살기 좋은 곳 같은데."

"뭐라고요? 아저씨. 싫어요. 전 여기가 좋아요. 그런데 왜 하필 달나라에요?"

"거기에 네 친척 옥토끼가 있잖니?"

"아, 옥토끼요. 옥토끼도 토끼는 토낀데요. 저하곤 아주 먼 친척이에요. 그래서 전 잘 몰라요. 그런데 아저씨가 지구만 생명이 살 수 있는 별이라고 하셨잖아요? 그러면서 왜 절 달나라로 이사를 시키려고 해요? 전 한 마디로 No입니다."

"그래, 지구만 생명이 살 수 있도록 하나님께서 창조하신 별이라는 사실을 너도 확실히 알도록 하려고 네 생각을 한번 떠 본 것이다. 그러니까 달나라로 이사하지 않아도 된다."

삶의 지역을 제한하는 장소

지구와 거의 비슷한 별이 발견 됐다고?
그 곳에 가서 살 수 있다는 소망이 이루어질까
하나님이 거주의 경계를 한하셨다고 하셨는데

어림도 없는 일이겠지
생명체란 삶의 장소가 제한을 받는 존재인데
어떻게 이 아름다운 지구를 떠나려고

사람은 달에 가서도 살 수가 없고
화성에도 목성에 가서도 살 수가 없어
그런 별에 생명이 없는 것을 보면
사람 살 수 있는 곳이 아니라는 뜻이 아닐까?

하나님께서 지구에만 생명이 살 수 있도록 제한을 하셨기에,
우리가 살 수 있는 장소는 오직 지구일 수밖에

그렇다고 지구 안에서는 아무데서나 살 수 있을까?
물속에서, 공중에서
어떻게 살아?
정하신 장소에서 살아야지
하나님이 거주의 경계를 정해 주셨는데

03
흙의 재주

　　　　　　　　말없이 걸으며 생각에 잠겼던 아저씨가 토끼를 불렀다.

"얘, 토끼야. 너 지금 어디서 걷고 있니?"

"어디서라니요? 땅 위에서지요."

"그렇지. 네가 흙으로 된 땅 위에서 걷고 있는 것이 분명하지? 그런데 그 흙이 얼마나 재주가 많은지는 알고 있어야 한다. 네가 흙을 밟고 있으니까 흙을 무시하거나, 업신여기면 안 된다는 말이야."

"흙이 재주가 있다고요, 어떤 재준데요?"

"들어봐. 땅은 네가 살 수 있는 터도 되고, 네가 걸을 수 있는 길도 만들어 주고, 네가 먹는 풀도 길러 주지?"

"네, 그거야 그렇지요. 땅이니까."

"녀석, 아주 시큰둥하구나. 흙, 그거 별거 아니다 그거지? 그러면 봐라. 네 몸이 무엇으로 만들어졌니. 또 사람의 몸은? 하나님이 흙으로 사람을 지으셨다고 하셨지? 또 너는 흙이니 흙으로 돌아가라고도 하셨어. 그게 무슨 뜻이냐? 사람이나 짐승이나 모든 동물의 몸이 흙으로 지음 받아 살다가 다시 흙으로 되돌아간다는 뜻이란 말이야. 그거 흙의 재주가 아니겠니? 물론 하나님이 그렇게 설계를 하셨지만 말이다."

"듣고 보니 정말 흙이 재주가 있기는 조금 있는 것 같은데요."

"그뿐이냐? 간단하게 흙으로 몸을 만들었다고 하니까, 그저 그런 거구나 하겠지? 봐, 흙으로 된 몸인데도 그 흙이 몸 안에 간장도, 심장도, 손도, 발도, 눈도, 네 그 큰 귀도, 다 만들었잖아. 흙이 머리카락도 손톱, 발톱도 만들고 있네. 신기하잖아? 얼마나 재주가 많아."

"생각하면 할수록 그러네요. 흙도 재주가 참 많은데요."

흙은 재주꾼이야

흙은 물질의 대명사인가?
물질 중에는 물(水)도 포함이 되어 있는데,
물질 중 물을 제외한 모든 것이 흙
그렇다면 우리 눈으로 확인되는 모든 형상이 흙으로 된 것?
아니야, 흙이 물과 합작으로 만든 작품이겠지

하지만
흙이 더 큰 재주를 부리려면 영과 혼을 모셔야 되지 않을까?
그래야 흙도 잠시나마 생명이 될 수 있을 테니까
그래서 유전자는 물질에 불과한데도 자라면 생명체가 되는 것,
역시 흙은 재주꾼이야

04
물의 요술

"토끼야. 하나님이 만드신 물질 중에서도 그 물이라는 것은 말이야. 생각하면 할수록 세상말로 요술쟁이 같아. 지구가 지구다운 것이 무엇인가, 생각해 보니까 말이야. 모두 물이 하는 것 같아. 지구의 좋은 환경도, 생명이 살아가는 것도 말이다."

"아저씨. 그건 너무하시네요. 물이 무슨 마귀도 아니고, 귀신도 아닌데 어떻게 요술을 부려요?"

"물론 물이 마귀나 귀신은 아니지. 그런데 실제 물이 하는 일을 보면 그렇다는 말이다. 물이 생명이 있는 것도 아니잖니? 동물처럼 혼이 있는 것도 아니고, 귀신처럼 귀신의 영이 있는 것도 아닌데, 물이 하는 일을 보면 마치 요술을 부리는 것 같다는 이야기야. 참 희한하지? 우선 지구 환경도 물이 만들어낸 작품 아니냐?"

"그래요. 아저씨? 그럼 물이 어떤 요술을 부리는데요?"

"그래, 한번 들어봐. 물이 고체도 되었다가 액체도 되었다가 기체도 되었다가 그러지? 왜 물이 그렇게 변신을 하지? 물이 재주 부리려고 변신한다는 느낌 아니냐? 우선 물이 없으면 모든 생명이 살 수가 없어. 식물도 동물도 물을 먹어야 하잖니? 또 식물이나 동물은 그 몸이 마치 물주머니 같단다. 식물은 80% 이상이 물이고, 동물의 몸은 약 70%가 물이잖아. 또 그 생명들이 살기 위해서는 좋은 환경이 필요한데, 물이 재주를 부려야 좋은 환경도 만들어질 수가 있어. 그러니까너나 나도 이렇게 좋은 환경에서 사는 것 아니냐? 또 물이 기후 변화를 일으켜서 비를 내리게 하고 물을 얼게 하고, 안개도 끼게 하고, 그런 모든 것이 물의 재주가 아니겠니? 그뿐이겠니, 물로 씻고, 닦고, 녹이고, 얼리고, 끓이고 일상생활에서 물이 없으면 문제가 심각해져. 그래서 과학자들이 다른 별에서 물을 그렇게도 찾는 것 아니겠니? 물이 있어야 생명체가 살 수 있으니까. 그런데도 그 물은 생명을 꼭 살리기만 하는 것도 아니야. 생명을 죽이기도 해. 홍수 날 때 봐. 얼마나 많은 생명들이 죽나. 노아 홍수 때를 보라고. 그러니까 물은 생명을 살리기도 하고, 생명을 죽이기도 하는 재주꾼이라는 이야기야. 정말 요술쟁이 같지?"

"아, 참 그러네요. 그리고 보니 물이 재주를 부리는 재주꾼, 요술쟁이네요. 생명을 살리기도 하고, 죽이기도 하네요."

"사람들이 물은 세 가지 형태로 존재한다고 하지? 고체, 액체, 기체. 그런데 난 물이 네 가지 형태로 존재한다고 말하고 싶다, 내 생각이지만. '눈으로 된 기체, 설체(雪體)'라고 하면 어떨지, 이름이야 어떻든 겨울에 내리는 '눈' 말이다. 고체, 액체, 기체 그리고 설체, 이렇게 네 가지로 말이야. 그럴듯한 생각이지? 물이 재주를 하도 많이 부리니까 내가 그런 생각도 한번 해 본 거야. 그저 내 생각일 뿐이야. 물론 눈은 고체에 해당되는 것이겠지만 고체는 움직이질 못하잖니? 그러나 눈은 바람에 날리기도 하고, 눈사태가 날 때면 흘러내려가기도 하잖니? 그래서 눈사태가 나면 혹 사람도 죽고 짐승들도 묻혀서 죽을 수가 있어. 고체인데도 움직일 수 있는 눈은 순수한 고체와는 조금 다른 점이 있다는 이야기야. 눈은 움직이면서 재주를 부리니까. 결국 물이 재주를 부리는 거나 마찬가지라 그런 말이다. 신기하지?"

"그래요, 맞아요. 겨울에 눈이 많이 오면요, 제일 애먹는 친구들이 토끼예요. 눈만 오면 먹을 것 찾으려고요. 무척 애를 쓰게 되거든요. 그런데도 그런 불쌍한 토끼들을 사람들이 불쌍하게 생각하질 않아요. 토끼몰이를 하잖아요? 그럴 때는요, 사람들이 참 미워요. 그것도 결국은 물의 재주 때문이겠네요."

가재는 게 편이라더니, 토끼도 틈만 있으면 토끼 편을 드는 이야기를 끼어 넣었다.

"그래? 그것 참 그렇게도 해석이 되는구나. 미안하게 되었구나."

"아저씨, 물이 지금까지도 재주를 부려요? 문명이 이렇게 발달하고 있는데도요?"

"물이 무슨 재주를 지금도 부리느냐고? 물 때문에 주로 기상 변화가 일어나는 것이 아니겠니? 비로, 바람으로, 가뭄으로, 수해로, 태풍으로, 그게 다 물이 재주를 부리기 때문이라고 생각이 되는 것이다. 그뿐이냐? 물이 더러운 것 다 깨끗하게 해 주고, 오염물질을 정화해 주고, 불순물을 녹여주고, 물 때문에 계곡이 만들어지고, 바다를 만들고, 그리고 수력발전이네, 배가 물 위에 떠다니고, 그래서 네가 크루

스 여행도 할 수 있고. 여하튼 물의 재주를 다 말하려면 아마 내가 책을 더 많이 써야 할 것 같다."

"아하, 참으로 놀랍네요, 아저씨. 그것을 다 하나님이 설계하시고, 창조하셨기 때문에 그렇게 재주를 부리는 거군요. 제가 목소리가 좋으면 한번 그런 위대하신 하나님께 찬양을 드리고 싶은데 제가 노래를 못하니, 원."

토끼도 하나님이 찬양을 받으시기를 원하신다는 뜻을 알았을까.

"그래 그것이 다 하나님이 그렇게 만드신 결과란다. 물이 요술을 부리도록 말이다."

요술을 부리는 물에 관해 말하려면 끝이 없을 것 같아 아저씨는 입을 다물고 또 생각에 빠졌다.

05
빛의 능력

만약 빛이 창조된 것이라면

만약 첫째 날 빛이 창조되었다면
빛도 창조된 피조물일까?
참 빛 되시는 하나님은 창조 이전에는 어떤 모습이었을까?
성경은 왜 빛을 창조하셨다고 하지 않고
빛이 있으라고 했을까?
하나님 자신이 참 빛이라면 창조하실 이유가 없었기 때문일까

그렇다면 빛은 창조된 것이 아니라
참 빛이신 하나님이 스스로 빛으로 오신 것은 아닐까?
첫째 날 창조와 동시에 세상으로...

빛이 자기 땅에 와서
어두움에 비취는데도 사람들이 왜 깨닫지 못했을까?
그래서 빛을 깨닫지 못하고
그 빛을 에너지라고 했던 것일까

전능하신 하나님의 능력(에너지)이
빛으로 세상에 임하신 것이라면
빛은 과연 신비로구나

한 동안 생각에 잠겨 있던 아저씨가 토끼를 불렀다.

"토끼야. 물건이 움직이려면 어떤 힘이 있어야 되겠지? 그런 힘을 무엇이라고 하지? 그것이 에너지가 아니더냐. 하나님이 첫째 날 만물을 창조하신 후에 말이야. '빛이 있으라.'고 하셨잖니? 그 빛이 바로 에너지라는 거야."

"하나님이 빛을 만드셨는데 그 빛이 에너지라고요? 빛이라면 밝은 것일 텐데, 그것이 에너지라, 그런 말씀이지요?"

"그래, 하나님이 그 빛을 만드셨기 때문에 낮과 밤이 생기게 되었어. 또 그 빛이 에너지이기 때문에 첫째 날부터 저녁이 되고 아침이 되기 위해 지구가 돌기 시작했던 것이다. 에너지가 없으면 지구가 돌아갈 수가 없을 것이고, 지구가 돌아가지 않았다면 저녁이 되고 아침이 되는 일이 없었을 것이다 그런 말이다. 어디 흥미롭지 않니? 신비하기도 하고. 하나님이 빛을 만들어 주셨기 때문에 지금 우리가 그 빛 가운데서 하루하루를 지나면서 밝게 살 수가 있는 것이라 그런 말이다. 물론 빛이 생명인 것은 말할 것도 없고."

"아저씨, 그야말로 너무도 신비해요. 아주 흥미롭고요."

"봐라, 해는 창조 넷째 날 만드셨잖니? 그런데 빛은 창조 첫째 날 만드셨어. 그러니까 첫째 날 만드신 그 빛이 세상에 등장한 빛의 원천인 것이야. 그뿐만이 아니다. 토끼야, 정신을 바짝 차리고 들어야 한다."

"네, 말씀하시지요."

아저씨는 토끼가 다 이해를 할지 걱정이다.

아무리 쉽게 설명을 하려고 노력을 해도, 토끼가 신비를 다 이해하기에는 역부족일 것 같기 때문이다.

"토끼야. 지구가 하루에 한 번 자전을 한다고 했지? 우리 한번 계산을 좀 해보자. 우선 지구의 적도를 기준으로 말이다. 너 지구의 둘레가 얼마인지 알 수 있겠니?"

"아저씨. 미물이 그런 걸 어떻게 알겠어요. 그냥 지구 한 바퀴, 그렇게만 알지요. 지구학자도 아닌데."

"그렇지? 너야 모르는 것이 당연하겠지. 나도 어제까지는 몰랐으니까. 여하튼 지구 둘레는 4만km(2만 5,000miles)라고 한다. 그 지구가 한 바퀴 자전을 한다면 네가 적도 위에 서서 있다고 할 때 말이다. 하루에 4만km를 여행하는 셈이야. 그렇지 않겠니? 그 속도가 시속으로는 1,660km(4천 리) 이상이 될 테고, 하루에는 4만km, 즉 10만 리를 여행하는 셈이야."

"아저씨, 잠깐만요. 아저씨와 제가 지금 시속 4,000리를 날아가는 중이라고요? 아이고, 어지러워라. 그게 정말이에요?"

"그래. 이치가 그렇잖니? 지구가 한 바퀴 돌면 우리가 그 위에 있으니까 자연 우리도 한 바퀴 도는 셈이니까 하루에는 10만 리를 여행하는 셈이 되는 거지."

"그것은 그러네요. 하루에 10만 리라...... 그러니까 저도 보통 토끼는 아니구면요. 하루에 10만 리를 날아 갈 수 있는 토끼, 야! 아저씨, 계산은 그런데요. 전혀 그런 것은 생각하지도 않았어요. 전혀 그런 느낌이 없었으니까요. 우리가 그렇게 빨리 달리며 사는데도 전혀 어지러운 느낌이 없이 살 수 있다고 하니, 참으로 위대하신 하나님이시네요. 놀라우신 하나님이세요, 참으로."

"아저씨, 너무도 신비해요. 아주 흥미롭고요."
"해는 창조 넷째 날 만드셨잖니?
그런데 빛은 창조 첫째 날 만드셨어.
그러니까 첫째 날 만드신 그 빛이
세상에 등장한 빛의 원천인 것이야.

"그렇게 느껴지니? 하나님은 위대한 창조주 하나님이라고?"
"네, 아저씨."
"더 놀라운 사실이 있단다. 지구가 그렇게 자전을 하면서 한 편으로는 해 둘레를 공전하고 있다는 사실이야. 지구가 해 둘레를 일 년에 한 바퀴 도는 것이야. 그것을 공전이라고 하잖니? 그 거리가 무려 9억 4,200만km라고 한다. 그 거리를 365일로 나누면 하루 달리는 거리가 나오겠지? 그러니까 하루에는 258만km를 달리는 셈이다. 그러니 지구 자전하는 것도 생각하면 머리가 어지러운데, 또 공전하면서 우리가 여행을 한다니 그 거리가 천문학적이다. 무척 어지럽겠지? 기억해야 될 것은 그 모든 운행이 저절로 되는 것이 아니라, 어떤 에너지로 운행된다는 사실이다. 그 에너지가 바로 하나님의 능력이 아니겠니?"
"......아저씨, 너무 신비해서 어지러워요, 너무. 이제 숫자는 이만 계산했으면 좋겠어요."

토끼가 피곤한 모양이다. 너무 강행군을 해서. 토끼가 피곤한 머리를 쉬는 동안 아저씨는 또 생각에 잠겼다.

06
생명에 필요한 환경

토끼의 피로가 풀린 것 같아 아저씨가 토끼에게 말했다.

"토끼야, 내 말을 잘 들어보렴. 어떤 능력 있는 부잣집 부모가 말이다. 사랑하는 아들을 결혼시켜서 따로 살 집을 하나 잘 지어 주려고 생각을 하고 있다고 하자."

"그래서요?"

"그래서 어느 날 땅을 사서 멋있게 집을 하나 지었어. 집을 지어 놓고는, 아버지가 아들에게 집 지어 주었으니 이제는 네가 네 맘대로 들어가 살아라 하고 더 이상 관심을 갖지 않았다면 어떻겠니, 사랑하는 아들인데?"

"그래서요."

"그렇지만 아버지니까 그렇게 무관심하지 않았다는 이야기를 하려는 거야. 아들을 생각하는 아버지의 마음인데......."

"아버지가 아들에게 집만큼은 최상급으로 지어주고 너 잘 살아라, 그렇게 했다는 거죠?"

"그렇지. 그래서 집을 잘 짓고 난 후에 말이야. 아버지니까 분명 아들 부부가 잘 살도록 좋은 환경도 만들어 줄려고 노력을 했을 것이라는 생각이다. 전기시설이며, 수도시설, 그리고 난방장치며, 냉방장치며, 방은 몇 개가 좋을까, 정원은 어떻게 꾸미는 것이 아름다울까를 생각했을 것이야. 그것이 사랑하는 아들에 대한 부모의 마음 아니겠느냐? 사랑하는 아들이 좋은 환경에서 잘 살아야 되니까."

"그렇지요, 아저씨. 저라도 아마 그렇게 했을 거예요."

"그래? 역시 너도 생각만큼은 사람과 다르지 않은 모양이로구나. 자식을 사랑하는 그 마음이. 여하튼 그와 마찬가지로 하나님께서도 말이야. 사랑하는 생명체를 위해 지구를 만들어 놓으신 후에, 내가 아름다운 지구를 만들어 주었으니 이젠 너희들끼리 그냥 살아라. 그렇게 하지 않았을 거라는 이야기야. 창조 후에도 하나님께서는 생명체들이 잘 살 수 있도록 관심을 가지시고 잘 살 수 있는 환경을 만들어 주셨다는 이야기지."

"그러면 그 환경이라는 것 어디서 만날 수 있지요. 아저씨?"

"녀석, 만나기는 어디서 무얼 만나. 토끼야, 지금 네가 마신 그 시원한 공기가 바로 좋은 환경이기 때문에 마실 수 있다는 뜻이다. 그러니까 그 공기가 어떻게 만들어진 공기인지 알고 마시라는 이야기야."

"공기는 공기지 또 어떻게 만들어진 공기도 있나요?"

"있지. 우리가 마시는 공기가 어떤 공기인지 알고 마셔야 한다. 우리가 마시는 공기는 말이다. 눈으로 보이지는 않지만, 질소가 78% 산소가 21% 기타가 1%의 비율로 이루어진 공기란다."

"전 공기하면 전부 산소인 줄로만 알았는데요. 질소가 더 많이 섞여 있어요?"

"그래, 질소가 더 많이 섞여 있단다. 그런 비율이라야 호흡하기에 가장 적합한 비율이라는구나. 어떠냐, 하나님의 지혜가? 그것이 바로 하나님이 만들어 주신 환경이라는 것이다."

"그래요? 그런 건 전혀 몰랐네요. 전 그저 뛰어 다니면서 먹고 놀기만 하면 그만인 줄 알았지요. 다람쥐하고도 놀고, 노루 형님하고도 놀고요."

"너희들은 별 생각 없이 뛰어 놀기만 하면 되는 줄로 알지? 살 수 있는 환경이 안 되면 말이다. 놀기는 고사하고 살아 있을 수도 없을 것이야."

"우린 그런 것도 모르고 그냥...... 그러니까 미물이지요, 아저씨."

"알기는 잘도 아는구나. 여하튼 공기 중에 질소가 많으니까 말이다. 비가 온 뒤에는 식물이 생명력을 얻을 수 있는 것이야. 아주 신선하게 자랄 수 있는 것이지. 마치 질소 비료가 뿌려진 것처럼 말이다. 비 온 뒤에 들이나 산을 한번 둘러보아라. 식물들이 얼마나 싱싱한가."

"아, 그래요. 이제야 그런 사실을 알게 되었네요. 어쩐지 비온 뒤에는 풀도 잘 자라고요, 아주 연하고요, 맛도 좋은 것 같았어요. 어쩐지......."

토끼는 속으로 중얼거렸다.

'그런 것도 모르고 비가 오면 좋아하기만 했네, 이런 바보.'

"그럴 게다. 그런데 또 봐라. 공기 중에 산소가 21%보다 많으면 말이야, 혹 산불이 날 때 전혀 끌 수가 없다고 한다. 왜 그런지 아니? 산소가 많으니까 그렇다는구나.

또 산소가 그보다 적으면 생명체들이 산소 부족으로 고통을 받는다는 거야. 그 땐 산소가 적으니까. 그래서 높은 산 위에 올라가면 호흡하기가 곤란해지는 거란다."

"참으로 기가 막히네요. 그래서 제가 이렇게 시원하게 호흡을 할 수 있는 것은 바로 공기의 적합한 비율 때문이군요. 여하튼 우리 조상 토끼들은요. 어떻게 그런 높은 산에는 산소가 적다는 사실을 알았는지는 몰라도요. 높은 산에는 안 가는 것 같아요. 그저 산 아래 계곡에서만 주로 살지요. 그런 것을 보면 토끼들이 제법 약지요? 그게 다 우리 조상 토끼 덕인가 봐요."

"너희들 토끼들도 환경이 전혀 맞지 않는 곳에는 안 가는데, 왜 사람은 생명이 살 수 있는 환경이 전혀 안 되어있는 별에 그렇게도 가려고 하는지........"

아저씨는 설명하다 말고 무슨 생각을 하는지 말씀이 흐려졌다.

온실효과

온실을 만드는 생각은 누가 제일 먼저 했을까?
사람? 아니지
하나님이 제일 먼저 하셨던 것이야
그것도 비닐을 가지고 비닐하우스를 만드신 것이 아니라
물을 가지고

참으로 기가 막힌 아이디어가 아닌가
그래서 그렇게도 많은 물을 창조하셨던 것이야,
지구를 다 덮을 만큼 많은 물을

그 물을 궁창 위의 물과 궁창 아래의 물로 나눠서
지구를 완전히 덮을 수 있는 온실을,
북극이나, 남극이나, 적도 부근이나
다 똑같은 아열대 온도의 살기 좋은 지구로 만들었지

그래서
그때는 식물이나 동물이나 사람이
다 크고 오래 살았던 것,
사람이 900년이 넘도록
그런 좋은 환경이 지구에 다시 올 수 있을까?

"아저씨, 제 말이 들리세요? 첫 날 만드신 공간을 어떻게 하셨기에 그토록 환경이 좋았어요?"

"그게 궁금하지, 우리 토끼씨? 그럼 잘 들어봐. 환경을 만들기 위해서 말이야. 하나님께서 물질 중에 물이라는 것을 창조 첫째 날 아주 많이 만드셨잖니? 지구를 완전히 덮을 만큼. 그렇게 많이 만든 물을 궁창(하늘) 위의 물과 궁창 아래의 물로 나누신 것이야."

"그러니까 물이라는 것이 좋은 환경을 만드는데 꼭 필요한 물질이라, 그 물을 가지고 하나님이 환경을 만드셨다 그 말씀이군요?"

"그래, 물을 궁창 아래 물과 궁창 위의 물로 나누셨어."

"물이 어떻게 공중에 올라가요?"

"상식적으로는 물이 위로 못 올라가겠지? 물이 공중에 올라 갈 수 없으니까. 하지만 올라 갈 수 있는 방법이 있어. 그것은 말할 것도 없이 물이 기화가 되면 올라 갈 수 있는 것이야. 수증기 말이다. 하나님이 엄청난 양의 물을 수증기로 하늘 위로 올리셔서 수증기층을 이루도록 하신 것이란다. 그 수증기층이 전 지구를 둘러싸도록 하신 것이지. 그렇게 되니까 지구에는 아주 온화한 기후가 된 것이야. 마치 온실처럼 말이다. 북극이나 적도 부근이나 모두가 아열대 온도의 기후가 된 것이지. 사람도 식물도 동물도 모두 살기에 아주 좋은 곳이 된 것이란다."

07
생명체에 꼭 필요한 소금

　"음, 하나님이 말씀으로 바다와 육지를 만드셨다고 했지? 그러면 말이다. 너 하나님이 창조하신 그 많은 물이 소금물이라는 사실도 알고 있겠지?"

　"그건 또 무슨 말씀이에요? 말도 안 되는 말씀 아니에요? 아저씨와 저를 사랑하시는 마음이 있으시다면 우리가 먹고 살 수 있는 물을 만드셨어야지. 왜 먹을 수도 없는 소금물을 만드셨겠어요? 제 생각에는요, 하나님이 그렇게는 하지 않으셨을 거라 생각되는데요. 하나님께서 우리를 사랑하신다면 말이에요. 우리가 먹을 수 있는 좋은 물을 만드셨을 거예요."

　토끼는 또 중얼거렸다.
　'하나님이 지구를 덮고 있는 그 많은 물에 어떻게 소금을 풀어 넣

으셨다는 거야. 아저씨가 무엇인가 헛소문을 들으신 것이겠지.'

"녀석, 이제는 제법 논리를 펴는구나. 하나님의 생각은 너와 나의 생각과 전혀 다르다는 것을 알아야 해. 하나님의 생각은 더 깊고 더 넓어. 너나 나 같은 미물은 하나님의 그 깊은 생각과 사랑의 마음을 감히 짐작할 수조차도 없어."

'하나님의 생각이 아무리 깊고 넓어도 그렇지. 왜 먹지 못할 소금물로?'

라고 토끼가 중얼 거리면서,

"그럼 아저씨는 오늘 소금물 잡수셨어요?"

"우리를 사랑하시는 하나님이
어떻게 마시지도 못할 소금물을 만드신 거죠?"
"바닷물이 증발해서 비로 내리고,
지하로 스며들어 지하수가 되어
사람이 먹을 수 있는 물이 되는 거란다."

"이젠 잘난 척도 하는구나. 이제 들어 보아라. 왜 지구상에 있는 모든 물을 소금물로 만드셨는지, 왜 소금물이라야 되는지."

"네, 한번 귀를 바짝 세우고 듣겠습니다."

"하나님이 그 많은 물을 소금물로 만드신 뜻은 여러 가지가 있다. 우선 지구상에서 살아야 할 모든 생명들에게, 지구가 마지막을 맞을 때까지 말이야. 썩지 않은 신선한 물을 마시며 살 수 있도록 설계를 하신 거야. 어떻게 그런 사실을 아느냐고? 그래, 잘 들어봐. 지구상에 있는 물 중에서 식수로 사용할 수 있는 민물은 3%도 안 된다고 한다. 그 중에서도 우리가 직접 먹을 수 있는 물은 1%도 안 되는 거야. 지구상에 그렇게 물이 많은 것 같아도 민물은 극히 적고, 바닷물이 거의 전부야. 아마도 97% 정도가 바닷물이라는 이야기다. 물은 많은데 식수로 쓸 물이 적은 이유가 거기에 있어. 저 넓은 바다를 봐. 바닷물이 무슨 물이냐? 소금물이지. 그러니까 하나님이 창조 때 만드신 물이 전부 소금물이라는 이야기를 하는 것이야."

"그렇게 따져보니까 그러네요. 하늘에서 지구를 쳐다보면 전부 바다처럼 보인다잖아요. 이제 알게 되었어요."

"헌데 바닷물이 증발해서 비로 내리고, 지하로 스며들어 지하수가 되어 사람이 먹을 수 있는 민물이 만들어지는 것 아니냐?"

"지하수요? 그래서 그 물을 생수라든지, 약수라고 하는군요. 그 물이 정말 좋아요. 맛도 있고 아주 시원해요."

"그러면 민물의 재료가 되는 바닷물이 좋은 물이겠니? 아니야. 소금물이지만 좋은 물이라곤 할 수가 없어. 먹을 수 없으니까, 육지에서 더러운 물이 다 바다로 흘러 들어가잖니?"

"정말 바닷물은 더러울 것 같아요. 지금 지구상에 사람 인구만 해도 71억 명이 산다고 하는데요. 또 동물은 얼마나 많고요. 그런데 그 오물과 쓰레기를 생각하면……

아, 생각을 하지 말아야지. 생각 안 할래요."

"그래, 그 바닷물을 그대로 두면 육지에서 흘러들어가는 오물 때문에 썩겠지? 하나님이 물도 오래 되면 썩는다는 사실을 아시면서 그대로 보고만 계시겠니? 창조 후 몇 천 년을 지나면서 지구가 얼마나 많이 오염이 될 터인데. 물이 썩으면 물을 먹을 수도 없고, 생명이 살 수도 없을 텐데 말이다."

"아이고, 하나님의 생각도 복잡하시겠네요."

"그러시겠지? 그럼 너 바다가 왜 파도가 치는지는 알지? 바람 때문이거나, 밀물과 썰물 때문인 거. 그것 때문에 바다가 썩지 않는 것이거든. 그게 저절로 그렇게 되는 줄 알지? 아니야. 하나님이 달을 만들어 지금 있는 저 자리에 두시고 지구 주위를 돌게 하셨기 때문이야. 놀랍지? 하나님께서 그런 생각을 창조 때부터 하셨으리라고 생각이나 할 수 있겠니?"

"정말이에요, 아저씨. 하나님은 정말 우리의 창조주 하나님이십니다. 그런 세심한 일까지 미리 생각하시고 설계하셨으니 말이에요."

"또 소금은 살균 방부작용도 하잖니? 너 애기가 모태에서 있을 때 어떤 환경에서 자라다 태어나는지 알고 있니? 소금물 속에서 자라다 태어나는 것이란다."

"잠깐만요. 아기가 태중에 있을 때 소금물 속에 있었다고요? 어떻게 그런 일이 있었을까요. 사람이 소금물을 먹고는 살 수 없다고 했잖아요? 그런데 아기가 소금물 속에 있다가 태어난다구요?"

"그렇단다. 왜냐하면 태아에게는 소금물 속이 제일 안전한 환경이기 때문이야. 어머니 태속에는 병이 침범하기가 어려워. 그 소금물을 무어라고 하는지 아니? 양수야, 양수. 그러니까 바다도 소금물, 양수도 소금물, 우리 몸의 체액도 소금물이야. 눈물도 콧물도 침도 다 소금이 들어 있어. 왜냐? 살균작용을 하라고, 면역력이 있으라고. 그래서 소금물이야. 하나님이 물을 창조하실 때 전부 소금물로 만드신 이유를 알 수 있겠지. 신비하지? 그분이 바로 우리 하나님이야, 알겠니?"

"저 같은 것이 그런 위대하신 하나님의 사랑을 받고 있다는 사실이 너무 감사하네요. 그런 체험을 하니까 너무 감격스럽고요."

토끼는 잠시나마 하나님의 지혜를 의심했던 것이 죄송하다고 생각했다.

지구에 소금이 없었다면

식탁에는 소금이 있다
간과 맛을 내기 위함이다

만약 지구에 소금이 없었다면 어떻게 되었을까?
태아가 양수 없는 태중에서 그 어린 생명이
10달을 견딜 수 있었을까

체액의 70%가 물이라면
체액은 모두 염분이 있는 물이 아닌가
병과 싸우기 위한 면역력이다

소금 안 먹으면 기력이 떨어지고
소금은 오염도 방지하고 살균, 방부작용도 하는 것

많은 바닷물이 전부 소금물인 이유는
모든 생명체의 생명을 보호하기 위함이다

누가 그렇게 만들었을까?

08
말씀으로 바다와 육지를

토끼가 아저씨를 부르는 바람에 아저씨는 정신이 되돌아왔다.

"아저씨, 어젯밤엔 한 잠도 못 잤어요. 생각이 꼬리를 물잖아요, 글 쎄. 무엇인가 하면요. 궁창 아래 물이 지구를 덮을 만큼 많다고 하셨잖 아요? 그렇게 물이 많으면요. 육지에서 살아야 할 생물들이 어떻게 살 수 있을까, 그런 생각 때문이에요. 그렇게 되면 저도 물속에서는 살 수 가 없고요. 우리 친구 다람쥐도 물속에서는 살 수가 없으니까 말이에 요. 육지가 있어야 살 수 있잖겠어요? 먹을 풀이 있어야 되니까요?"

"땅이 있어야 하는데, 그렇지? 암, 땅이 있어야 너희들도 살 수 있 겠지. 하지만 염려 할 것 없다. 하나님께서 너희들이 살 땅을 만들어 주셨으니까."

"어떻게요, 아저씨? 그 많은 물을 어떻게 처리했지요? 지구를 완 전히 덮고 있을 정도의 많은 물이었는데 지구 밖으로 퍼서 버릴 수도 없잖아요?"

"하나님이 하시는 일인데 무슨 염려가 있겠니? 그저 신비할 뿐이야. 너나 나 같은 미물들은 그 능력을 짐작할 수도 없어."

"그렇지요? 하나님의 지혜와 능력을 믿어야 되겠지요?"

"그래, 창조 셋째 날을 한번 보자. 하나님의 지혜로 설계하신 것을 말씀으로 창조사역을 하시는 것을 말이다. 하나님이 그냥 명령을 하시는 거야. 나뉘라, 드러나라, 되라, 그렇게 말이다. 그 명령이 바로 하나님의 창조 능력이니까."

"하나님이 그냥 말씀으로도 창조를 하셨어요? 그럼 하나님도 요술쟁이예요?"

"녀석, 하나님이 하시는 일인데 어떻게 감히 요술이라고 하겠니? 하나님이 하시는 일은 지혜요, 능력이요, 창조인 것이야."

"죄송해요, 아저씨."

"나에게 죄송할 것은 없다. 그건 하나님께 죄송한 거지. 하나님을 감히 요술쟁이 정도로 생각한다는 것은 문제가 있다. 그것은 하나님의 능력을 부인하는 일이 될 테니까. 하나님이 하신 사역은 창조이지, 요술이 아니란다."

"정말 죄송해요. 하나님께도 죄송하고요."

"그래. 이제 보아라. 하나님이 지구(땅, 물질)를 말씀으로 만드셨고, 생명이 살 수 있는 좋은 환경도 이미 만드셨는데 말이다. 아직도 지구에는 많은 물이 지구를 완전히 덮고 있는 것이야. 그렇다고 너희들이 살 육지가 없는데 하나님이 보고만 계시겠니? 땅이 있어야 네가 먹는 풀도 나고 곡식도 과일도 맺을 수 있을 텐데 말이다. 그래서 하나님께서 이제 생명체가 살 수 있는 터전을 만들어 주시려고 말씀으로 육지가 드러나게 하셨던 거야.”

“저 같은 미물도 사랑하고 계시는 하나님의 마음을 보는 것 같네요. 그럼 그 작업을 어떻게 하셨어요? 육지를 만드는 작업이요.”

“그 육지를 만드는 작업을 어떻게 말씀으로 하셨느냐고? ‘천하의 물이 한 곳으로 모이고 뭍(땅)이 드러나라.’ 그렇게 명령을 하신 것이다. 요술이 아니고 하나님의 능력으로 바다와 육지가 나눠진 것이지.”

“저 같은 미물은요, 이해가 잘 안 되는 데가 있어요. 말씀으로 천지를 창조하셨다, 라고 할 때는요. 그저 하나님을 창조주라고 믿으니까 그렇구나 하고 받아들였는데요. 지구를 둘러싼 그 많은 물이 하나님이 명령하시니까 바다도 되고, 육지도 됐다는 것은 어쩐지, 요술 같다는 생각이 드네요. 그래서 그것도 요술이 아닌가 그렇게 생각한 거예요, 죄송스럽지만요.”

“요 녀석! 너도 하나님의 능력이 전적으로 믿어지지 않는가 보구나. 하나님의 신비가 이렇게 나타나 보이는데도 말이다.”

“아니에요. 하나님의 신비를 왜 안 믿겠어요? 믿어야지요.”

“내가 예를 하나 들어주마. 근래 과학이 발달하니까, 스마트폰을 만들었지? 헌데 그 스마트폰이 사람의 말을 알아들어. 말을 하니까 말한 대로 작동을 하는 거야. 왜 말만 했는데 기계가 순종을 해서 작동을 하지? 그것 신기하잖니?”

“네, 그 스마트폰이라나 그것 참 잘 만들었어요. 아주 신기해요. 말로 하니까 척척 알아듣고 작동을 하더라고요. 사람의 머리가 그만큼 발달을 했으니까요.”

“너도 보았구나. 여하튼 그것은 만든 사람의 지혜고, 만든 사람이 그렇게 설계를 했기 때문이잖니? 순종하도록 만들었다 그 말이다. 다시 말하면 기계도, 지구도 만든 주인이 순종하도록 설계를 했다면, 만든 주인이 명령할 때 순종할 수밖에 없다는 이야기다. 왜? 주인이 그렇게 설계를 했으니까, 이해가 되겠니?"

"정말 그러네요. 제가 풀을 뜯어 먹으면서 어떤 때 그런 생각이 나더라고요. 무엇인가 하면요. 풀과 나무는 귀가 없잖아요. 말을 하는 것도 아니고, 듣는 것도 아니고요. 그렇다고 나 같은 토끼나 아저씨처럼 계획하고 명령하는 머리도 없잖아요? 그런데도 봄이 되면 싹이 나고 잎이 피고, 때가 되면 꽃도 피고 열매도 맺어요. 어떻게 그 식물들이 때와 계절을 알고 있을까, 그런 생각을 했어요. 정말 신비해요. 통제하는 머리가 없는데 때를 알고 있으니 말이에요. 그것도 역시 하나님의 설계 때문이겠지요?"

"그렇지? 그렇지만 기계를 만든 사람에게 기계가 말을 듣는 것과 피조물이 창조주의 말씀에 순종하는 것은 그 차원이 다르다는 것을 알아야 된다. 전지전능하신 하나님의 사역이니까. 알아듣겠니? 그것은 요술이 아니고, 피조물이 창조주에게 순종한 것이야."

"그럴 것 같네요, 아저씨. 하나님이 창조하신 만물이 창조의 주인 되시는 하나님의 명령에 순종 안 할 수 있겠어요? 순종해야 마땅하지요."

노아 홍수 때의 물이 지금도?

노아 홍수 때 그 많던 물은 지금도 같은 양이 있을까?
그때 있었던 물의 양이 지금 같은 양이 아니라면
노아 홍수는 거짓이 될 수 있을 것이다

하나님의 창조는 거짓이 있을 수가 없다
노아 때 물이 지금도 같은 양이 있어야 된다는 것은
바로 과학의 법칙이다

노아 때 물이 지구의 땅을 완전히 덮을 수 있었다면
지금도 물이 지구를 덮을 만큼 있는가를 확인하면 될 것이다

지금 지구상에 있는 물이 얼마나 될까?
과연 지구를 덮을 수 있는 양일까?
지구상에 있는 물의 양은 대략 14억 평방 km라고 한다
만약 지구가 평평하다면
지구 표면을 2,400km의 깊이로 덮을 만큼의 물이라 한다

노아 때 지구의 표면은 어떤 상태였을까?
당시는 아직 비가 오지 않던 때이기에
지금처럼 높은 산은 없었던 상태였다

그때 노아 홍수로 인해 천하의 높은 산이
물로 십오 규빗을 덮었다고 기록하고 있다

지금과 같은 높은 산은
노아 홍수 때 지각 변동이 있어서
산은 오르고 골짜기는 내려갔기 때문이다
노아 때의 물은 지금도 같은 양이다

09
역사 최초의 음식

"애, 토끼야."

"네, 아저씨. 말씀하세요."

"난 말이다. 과일을 먹을 때마다 그런 생각을 해 본다. 하나님이 과일을 창조하셨다는 사실은 우리가 다 알고 인정하는 일이니까 그렇다 치고 말이다. 식물이 열매를 맺기 위해서는 꽃이 피잖니? 그 예쁜 색깔의 꽃, 그 꽃이야말로 최상의 예술 작품이 아니냐? 그것도 같은 땅에서 같은 물을 먹고 자란 식물인데도 어떤 것은 빨간색, 어떤 것은 노란색, 어떤 것은 하얀색이야. 신기하다는 생각이 들지 않니?"

"아저씨도 그런 것 느끼셨군요. 아저씨보단 제가 거기에 대해선 더 경험이 많아요. 저는 늘 꽃 속에서 살잖아요. 정말 행복해 보이지요? 꽃 속에서 사니까." "그것 참 부럽구나, 꽃 속에서 사는 네가. 여하튼 또 들어봐. 꽃이 지고 나면 맛있는 열매나 과일을 맺지? 과일들의 그

맛......! 난 그런 것이 너무 신비하단다. 맛도 여러 가지, 신 맛, 단 맛, 또 그 과일의 향기, 어떻게 그렇게 만드셨을까? 그런 생각을 했다는 이야기야."

"아저씨, 맛에 대해서도 아저씨보다는 제가 한 수 위인 것 같아요. 제가 먹는 모습을 보셨어요? 얼마나 맛있게 먹는지요?"

"네가 그렇게 맛있게 먹을 수 있다는 것, 거기에는 우리를 사랑하는 하나님의 마음이 담겨 있다고 생각이 되거든. 그래서 그 오묘한 설계가 그렇게도 감탄스럽고 감사한 거야. 꽃을 볼 때마다, 과일을 먹을 때마다, 너무 감사해. 헌데 그냥 맛만 있는 것이 아니고 영양분도 충분하지? 비타민도, 미네랄도, 사람에게 필요한 영양분을 듬뿍 넣어 주셨어. 얼마나 감사한지 몰라. 난 먹을 때마다 감사하면서 그렇게 느낀다는 이야기다."

"저도 아저씨의 말씀을 듣기 전에는 풀은 자연히 나니까 그저 얼마든지 있는 대로 맛있게 먹으면 되지, 그렇게 생각했어요. 아저씨 말씀을 듣고 보니 정말 하나님께 감사해야겠네요."

"그래, 네가 먹는 풀이나 사람이 먹는 곡식이나 열매가 인류 최초에 하나님께서 주신 음식이란다. 그러니 감사해야지."

"네, 아저씨."

"그런데 문제는 말이다. 인구가 늘고 오염이 많아지니까 곡식도, 과일도 옛날처럼 신선하지 못해. 그래서 사람들이 유기농 농산물을 많이들 찾는 것 같아. 너도 먹는 것에 신경을 좀 쓰는 것이 좋을 거 아니냐?"

"아저씨도....... 저를 어떻게 보세요? 전 토끼예요, 토끼. 전 항상 유기농만 먹잖아요. 토끼가 풀에다 농약 주는 것 보셨어요? 농약이나 비료 준 것은요, 영양도 문제지만 맛도 없어요. 아저씨도 제가 먹는 풀 좀 잡숴 보실래요? 얼마나 맛이 있는지요. 제가 먹는 것은 모두 유기농이니까요."

"참, 그렇지. 너야 유기농 찾아다니느라 신경 쓸 일이 없겠구나. 그렇다고 내가 네 것을 먹어? 그건 풀인데? 나도 너처럼 토끼가 되라고?"

"아, 참 그렇지요. 그렇지만 먹는 것은 제가 아저씨보다 더 고급으로 먹는 것 같은데요? 천연 생산품 유기농으로요."

"그럼 나도 너처럼 유기농 토끼풀 한 번 먹어볼까? 고급이니까."

둘은 하하 웃으면서 또 걸었다.

10
종류대로 입력된 유전자

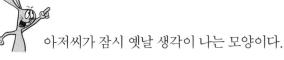

아저씨가 잠시 옛날 생각이 나는 모양이다.

"얘. 토끼야."

"네, 아저씨. 말씀하세요."

"넌 거북이하고 경주를 하면 진다면서?"

"거북이요? 아, 그거요? 그건 벌써 옛날이야기가 되었네요. 하지만 그것은요......."

토끼는 눈을 끔벅끔벅하면서 옛날 거북이하고 경주할 때를 생각하는 듯하였다.

"그건요. 오판이었던 것 같아요. 사람들이 저보다는 거북이를 더 좋아하는 것 같잖아요? 생각해 보세요, 아저씨. 경주하다가 잠자는 놈이 어디 있어요? 그저 사람들이 거북이가 이기도록 꾸민 이야기인 것 아닌가 생각했어요. 천천히 가도 쉬지 말고 꾸준히 가라는 뜻이겠지요. 전 그렇게 꾸준히 걸어가지는 못해요. 잠깐 뛰어 갔다가 쉬고, 또 잠깐 뛰었다가 또 쉬고, 그래야 되니까요. 만약 제가 잠을 잔다고 해도 거북이처럼 그렇게 늘어지게 자는 잠은 잘 수가 없어요. 그저 토끼잠밖엔요. 하지만 제가 거북이하고 경주해서 진다는 것은 상상도 할 수 없는 일이에요. 그렇잖아요, 아저씨?"

"그래, 네 말을 듣고 보니 그런 것 같기도 하구나. 그렇지만 말이다. 나는 그래도 명랑한 너를 더 좋아한단다. 내가 널 좋아해서인지 나도 가끔은 토끼잠을 즐기는 편이다. 의자에 앉아서 잠깐씩. 헌데 토끼야. 내가 널 거북이보다 더 좋아한다는 말은 거북이에게는 말하지 말아야 된다. 그건 비밀이이니까."

"알아요. 그래서 이렇게 아저씨하고 여행을 하잖아요."

아저씨는 또 무슨 생각을 해낸 것 같았다.

"아, 참! 잊은 것이 있다. 하나님께서 명령하실 때 말이야. 종류대로라는 말씀을 하셨어. 종류대로라는 말씀이 무엇인지 알겠니?"

"글쎄요. 아저씨는 사람 종류, 저는 토끼 종류, 거북이는 거북이 종류, 그런 건가요?"

"그래, 그것도 맞는 말이긴 하다. 여하튼 감은 감, 대추는 대추라는 뜻이다. 토끼는 토끼고 거북이는 거북이라는 말이야. 절대로 토끼가 거북이가 될 수 없고, 대추나무에서 감을, 감나무에서 대추를 딸 수 없다는 뜻이다. 토끼가 수천만 년 지나도 절대로 거북이가 될 수 없다는 것은 너도 인정할 것이다."

"물론이죠. 제가 거북이가 된다는 것은 상상하기도 싫은 일이에요. 그런데 아저씨. 이야기하다가 생각난 건데요. 그전 같지 않게, 어떤 풀은 그전 맛이 안 나요. 맛이 달라요. 왜 그렇지요?"

"아마도 네가 유전자 조작이 된 채소를 먹었던 모양이로구나. 식물이나 곡식에 해충이 한 번 지나가면 그 해에는 농사를 실패하게 되니까 해충에 강한 유전자를 넣어주기 때문일 것이다. 유전자를 바꿔 넣거나 새로운 유전자를 넣어 주었다면 그 본래의 맛이 있을 리가 없지 않겠니? 그 식물의 질이 달라졌을 테니까 말이다."

"유전자를 조작을 했다고요? 그럼 종류가 달라지는 것 아니에요? 맛이 달라지면 그전 종류가 아닐 것 같은데요."

"물론 그렇게 생각할 수도 있을 것이다. 결국 하나님이 종류대로 창조하신 생명체를 사람이 임의로 그 성질을 바꾸는 결과가 되는 것이니까. 그것은 하나님의 창조에 도전하는 행위라고나 할까, 여하튼 윤리적인 문제가 될 것이야."

"그렇다면 잘 골라서 먹어야 되겠는데요. 어떻게 고르지? 유기농 농산물만 파는 마켓에 갈 수도 없고, 토끼주제에."

토끼에게도 걱정이 생긴 것 같다.

"걱정할 것 없다, 토끼야. 넌 그저 풀만 뜯어 먹으면 돼. 밭에 가서 곡식만 먹지 않으면 되니까."

세상에는 배꼽이 없는 사람도 있을까

어머니가 낳은 자식은 누구나 배꼽이 있다
세상에는 어머니를 통해서 태어나지 않은 사람은 아무도 없다
그러기에 사람은 누구나 배꼽이 있어야 한다

인류 중에 어머니가 낳지 않은 사람이 딱 한 사람 있다
누구인가
바로 인류 최초의 조상 아담이다
아담은 하나님께서 창조하신 첫 사람이기 때문이다

그렇다면
아담은 배꼽이 없을까
어머니가 낳지 않았으니까
상식적으로는 아담은 배꼽이 없어야 한다
어머니를 통해 낳지 않았기 때문이다

그러나 과학적으로 아담이 배꼽이 없다면
어머니를 통해 출생했을지라도 그 자손도 배꼽이 없어야 한다
왜냐하면 유전자의 설계 때문이다

그러기 때문에
하나님이 아담을 창조하셨을지라도
하나님께서 아담에게도 배꼽이 있도록 설계를 하셨을 것이다
그래서 아담은 배꼽이 있어야 한다

11
큰 광명, 작은 광명

"또 들어봐. 하나님이 넷째 날 창조하신 광명들 말이다. 그 중에 우리가 제일 관심을 갖게 되는 것은 단연 큰 광명, 해일게다. '해'라고 하면 무엇을 먼저 생각하니? 빛 아니냐? 해가 빛을 보내주지 않으면 지구에 있는 모든 생명체는 살 수가 없어. 빛으로 에너지를 공급받아야 되니까. 물론 해가 빛을 생산하는 것은 아니지만 말이다. 성경을 봐. '광명이 하늘의 궁창에 있어 땅에 비취라 하시고' 그랬잖니? 해는 빛을 생산하는 것이 아니라 빛을 비취는 역할만 하는 거야."

"……"

"녀석, 다 들으면서 대답이 없구나."

"듣기는 듣습니다, 아저씨."

"그렇지? 듣기는 열심히 듣고 있겠지? 다시 더 들어봐, 토끼야. 넌 달에 대해서는 나보다 더 잘 알지? 토끼니까. 그러면 달이 크냐, 아니면 해가 크냐? 달이나 해나 크기는 똑같아 보이지? 그런데도 성경은 해를 큰 광명이라 했고, 달은 작은 광명이라고 말씀하고 있다. 그야 물론 해가 훨씬 더 크니까 그렇게 말씀하고 있는 것이지만 말이다. 허면 성경이 현대과학 서적도 아닌데, 어떻게 수천 년 전에 쓰인 성경이 해가 크다는 사실을 알고 썼을까? 궁금하지? 그거야 하나님이 창조하셨는데, 하나님 자신이 그 사실을 모르실 이가 있겠니? 그런데 실제로 과학자들이 증명하고 있는 것을 보면, 태양이 태양계 전체 질량의 99.9%를 차지하고 있다고 한다. 그러니 그 크기가 얼마인지 짐작이 갈 것 아니냐? 그런데도 해와 달의 크기가 비슷하게 보이는 이유는 무엇일까? 그것은 두 말할 것도 없이 거리 때문이란다. 지구에서부터 해는 멀리 있고, 지구로부터 달은 가까이 있기 때문이야. 하나님께서 해와 달의 크기가 비슷하게 보일 수 있도록 크기와 위치를 정해 주셨기 때문일 것이다. 해의 거리는 지구로부터 1억 5,000만km라고 하잖니? 또 지구에서 달까지의 거리는 38만 5,000km라고 하고. 그래서 해와 달의 크기가 같아 보이는 것이야. 이거 혼자서 이야기 하니까 숫자만 가지고 천문학 공부하는 것 같구나. 네가 말을 안 하니까 신비 여행이 재미가 없어."

"죄송해요, 아저씨. 제가 숫자에는 원래 돌 아닙니까?"

"참, 그렇지. 그렇지만 싫어도 들어 두면 네게 유익할 거다."

달력은 어떻게 만들어졌을까

하루하루 날이 지나가는 것은
어제나 오늘이나 내일이나 똑같은데

날이 지나다 보면
봄이 오고, 여름이 오고, 가을이 오고, 겨울이 오지?
만약 달력이 없었으면 어떻게 짐작을 할까
달력도 과학 문명 때문에 만들어졌을까

날과 계절은 분명
해와 달과 별이 하늘에 있기 때문이 아닐까

그렇다면 달력을 만들기 위해서는
해와 달과 별이 달력 만드는 자료로도 준 것이겠지

달력은
연구 결과로 얻어진 것이 아니고
달력을 만드는 근거가 있었기에 연구가 된 것

누가 그 근거를 주었을까
창조 때, 이미 하나님이?
그렇다면 달력도 하나님이 설계하신 것

하나님이 이르시되
하늘의 궁창에 광명들이 있어 낮과 밤을 나뉘게 하고
그것들로 징조와 계절과 날과 해를 이루게 하라

12
복 받은 생명들

　　"오늘 여행은....... 어허, 이 녀석 아직 안 일어났나? 얘, 토끼야. 아직도 자니?"

　　"일어났어요, 아저씨. 세수 좀 하느라고요."

　　"너도 세수를 하니? 털옷에 털 마스크를 하고 사는 녀석이? 얼굴에도 몸에도 온통 털인데 씻을 것이 무엇이 있다고."

　　"그럼요, 내가 세수하는 것 못 보셨어요? 매일 매일 세수를 해야 하잖아요? 어떤 때는 낮에도 세수 한다고요. 깨끗해야 되니까요. 아, 시원해라."

　　"넌 세수해 봤자다. 그 얼굴에 세수는 무슨 세수."

　　"무시하지 마세요. 난 그래도 토끼에요. 내 몸에 무엇 하나라도 더러운 것이나, 묻은 것을 보셨어요? 깔끔하게 단장하고 살아야 되니까요. 깨끗하게 씻어야지요."

"녀석. 그래, 너 깔끔해서 좋겠구나. 하지만 토끼야. 오늘은 하나님께서 다섯째 날에 바다에는 바다에 사는 생물과 공중에는 나는 새를 만드셨다고 하셨잖니? 바다에 사는 생물이 어떤 생물인지 우선 봐야겠다."

"바다에 사는 생물이라면 물고기 아니겠어요? 가보나마나 뻔하겠지요. 물고기들인데요 뭐. 고등어나 갈치, 연어, 아니면 뱀장어 그런 물고기들 아니겠어요?"

"하나님은 물들은 생물을 번성케 하라고 말씀하시면서 말이다. 큰 바다 짐승이라고 말씀하셨다. 큰 바다 짐승이라면 어떤 것들인지, 한 번 봐야지. 짐승이 어떻게 바다에서 살 수 있겠니?"

"짐승이 바다에서요? 아니, 사자나 코끼리 같은 짐승이 어떻게 바다에서 살아요? 바다에서 살려면 수영을 할 줄 알아야 할 텐데요."

"글쎄다. 바다 짐승이라고 하니까 우선은 바다에 가봐야 알 수 있겠지."

아저씨는 토끼를 데리고 바다로 향했다.

"야, 바다로구나! 저 시원한 바다를 좀 봐라. 얼마나 넓고 크냐? 저렇게 바다가 넓으니까 말이다. 하나님이 창조하신 물이 지구를 덮을 만큼 많다는 사실이 분명한 것 아니겠니? 그 많은 물이 다 소금물이라는 사실도 분명하고."

"그러네요. 정말 바다가 넓은데요? 난 산에서만 살았으니까 바다가 얼마나 넓은지 몰랐어요. 진짜 넓군요. 아, 바다……."

"저기 보아라. 저 고래며 돌고래들, 저것들을 보고 바다 짐승이라고 하는 모양이로구나. 고래나 돌고래는 포유류라고 하잖니? 젖을 먹이는 동물이라는 이야기다. 비록 물에서 물고기처럼 수영을 하면서 살지만 말이다. 새끼를 낳고 새끼를 젖을 먹여 키운다는구나."

"돌고래가 재주를 부리는 것을 보았는데요. 나는 암만 생각해도 돌고래는 짐승이 아니라고 생각돼요. 물고기일 것 같아요. 물에서 헤엄치는 것을 보면 꼭 물고기 같잖아요? 참 이상하네. 고래하고 돌고래가 새끼를 젖을 먹여 키우는 짐승이라니. 짐승이라면 땅에서 사는 짐승만 생각했는데......."

"너도 의문이 많구나, 물고기 같은데 짐승이라고 하니까. 하지만 그건 사람의 생각이다. 하나님이니까 그런 작품을 만들어 내실 수가 있는 것 아니겠니?"

"하기야, 성경에 하나님이 바다 짐승을 만드셨다면 그렇게 믿어야겠지요. 하나님의 말씀인데, 하나님이 만드셨다는데 믿어야겠지요?"

"나도 전에는 고래가 물고기인 줄로만 알았단다. 그런데 고래가 짐승이라는구나. 더구나 지구상에 사는 짐승들 중에 제일 몸이 큰 것은 땅에 있는 것이 아니라 물에서 사는 짐승이란다. 코끼리보다 고래가 더 크다는 이야기야. 헌데 성경을 읽고 알았잖니? 역시 하나님의 말씀이야. 그 말씀에 확실한 답이 있으니 믿어야지."

복이란 무엇일까

사람들은 흔히 하나님께 축복(祝福)을 구한다
복을 빌어달라는 이야기다
하나님이 누구에게 복을 빌 수 있을까
하나님보다 더 능력이 있는 자가 또 있던가
하나님은 복을 주시는 분이지
축복하는 분이 아니다

축복은 사람이 사람을 위해 하는 것이다
그러기 때문에 사람은
하나님께 축복을 구할 것이 아니라 복을 구해야 한다
우리에게 복을 주실 수 있는 분은 오직 하나님이시니까

복을 주시는 하나님께서는 창조 때
움직이는 동물에게 복을 주셨다
생육하고 번성하고 충만하라는 복이었다
또 하나님은 사람에게 복을 주셨다
생육하고 번성하고 충만하고 땅을 정복하라는 복이었다

그 외에도 하나님은 사람에게
하나님의 형상으로 사람을 만들어 주셨고
만물을 다스릴 권한을 주셨다
하나님은 사람에게 창조력을 주셨고 사랑을 주셨다
사람에게 주시는 하나님의 복은 제한을 안 하신다

지금도
하나님의 복은 계속되고 있고
영원에 이를 때까지 복은 계속될 것이다

13
물에서 사는 각종 생물

"아저씨, 고래나 돌고래는 짐승인데도 바다에 살 수 있다면요. 저도 수영을 배우면 바다에서 살 수 있을까요? 그렇게 되면 저도 바다토끼가 될 텐데."

"그거 아주 진보적인 생각이긴 하구나. 그런데 토끼야, 네가 바다에서 살 수 있을 때쯤 돼서 바다토끼가 된다면 말이다. 이 아저씨는 어디에서 살 수 있을까? 저 별 나라에서? 그렇게 되면 아저씨도 화성인이나, 금성인이 되겠지?"

"그런 생각이 실현될 수 있을까요? 말은 제가 그렇게 했지만 안 될 것 같아요."

"왜, 될 것 같이 이야기 하더니? 그런 생각을 망상이라고 한단다. 하나님께서는 너하고 나하고는 이 지구, 이 땅에서만 살도록 설계 하셨어, 물속에서도, 별나라에서도 살 수 있도록 설계하시지 않았다는 사실이야."

"그렇지요, 아저씨. 여기 이 지구에서 사는 것으로 만족해야 되겠지요?"

"왜, 지구가 어때서? 하나님께서 만드신 그 많은 별들 중에서 특별하게 만드신 것이 지구인데, 지구에만 생명이 살 수 있도록 만드셨다는 것이 얼마나 특별하냐? 그러니까 지구가 으뜸이야. 여하튼 하나님께서 다섯째 날 바다에 사는 짐승과 바다에서 번식하며 사는 바다 생물을 만드셨다고 하셨다. 그 종류도 식물의 종류 못지않게 많고."

"그렇지요, 아저씨? 바다 생물의 종류라면 우선은 물고기를 생각해야 되겠지요? 게나 가재 같은 것도 물에서 사는 생물일 테고요. 그리고 참, 거북이도 바다 생물인가요?"

"아니다. 거북이는 바다에서도 살기는 하지만, 물고기가 아니라 바다 짐승에 속하거나 양서류에 속한다고 할 수 있을 것이다. 거북이는 육지에 올라 와 모래 속에다 알을 낳지 않니? 거북이는 물속에서 수영을 하고 있다가도 숨 쉴 때면 물 위로 올라오기도 하니까 고기 종류가 아닌 것은 사실이다."

"맞아요. 거북이는 물고기가 아닌 것이 틀림없어요. 저하고 경주할 때 물 속이 아니라 육지에서 했으니까요. 거북이는 육지에서도 살 수 있고 바다에서도 살 수 있는 짐승이 맞아요. 그런 것을 양서류라고 하는 거지요?"

토끼는 거북이와 경주할 때를 기억하면서 이야기를 했다.

14
공중에 나는 새들

"얘, 토끼야. 아저씨가 동물들을 보면서 때로 부러워하는 것들이 있단다. 그게 무엇인지 아니?"

"아저씨도 부러운 것이 있어요? 아저씨도요? 그게 뭔데요?"

"아저씨가 부러워하는 것은 새야. 공중에 나는 새. 나도 저렇게 공중을 날 수 있으면 얼마나 좋을까, 생각하면서 부러워했단다. 그래서인지 꿈에서는 가끔 날아다니는 꿈도 꾸었지. 꿈속에서 새처럼 그렇게 하늘을 날 때면 얼마나 기분이 좋았는지 모른단다."

"꿈이라고요? 그러고 생각하니 저도 가끔은 꿈을 꾼 것 같아요. 언젠가 꿈에 제가 거북이가 되었다나요. 꿈속에서도 팔딱팔딱 뛰어 보려고 했는데요. 뛰어지질 않았어요. 토끼가 거북이 몸이 되었으니 거북이 몸으로 어떻게 뛸 수 있겠어요? 뛰어 보려고, 뛰어 보려고 애를 쓰다가 꿈을 깼어요. 꿈에서 얼마나 애를 썼는지 몰라요."

"허허, 그것 참 안 됐구나. 그럼 이 다음엔 말이다. 새 꿈을 한번 꾸어 보렴. 공중에서 날아다니는 새 꿈 말이다. 그런 꿈을 꾸게 되면 너도 꿈에서라도 날아다니는 기분이 아마도 굉장히 좋을 게다."

"정말이에요, 아저씨. 그렇게 날 수만 있다면 얼마나 좋겠어요? 꿈에서만이 아니라 실제로 날 수 있으면 좋겠지요. 그런데 하나님께서는 왜 새들만 하늘을 날 수 있게 했을까요?"

"그렇지, 그게 궁금하지? 그런 것이 하나님의 오묘하고 지혜로운 하나님의 설계가 아니겠니? 다 같은 동물인데도 너 같은 토끼는 날지 못하게 설계하셨으니 말이다. 새들만 날 수 있도록 설계를 하셨으니 넌 좀 억울하지? 그런 것이 다 하나님의 신비가 아니겠니? 생각해 봐."

"그래요. 정말 새가 공중에 난다는 것은 참 신비해요. 저도 펄쩍 뛰면서 어떤 때는 그런 생각도 해요. 이렇게 뛸 때 공중으로 더 올라갈 수 있지 않을까 하고요. 그냥 희망 사항이에요."

"너도 걸어 다니는 것이 좀 답답하다고 생각이 드는 모양이구나. 하지만 그게 하나님의 설계인데 어떻게 바꿀 수 있겠니? 여하튼 새가 하늘을 날아다닐 수 있는 것은 말이다. 물론 하나님이 새의 몸 구조를 그렇게 만들어 주신 것이지만, 날씬한 몸에다 공중을 날 수 있도록 날개를 주셨어. 그래서 날 수 있는 것이야. 그것은 하나님이 그들에게 주신 복이란다. 성경에도 그들에게 복을 주셨다고 말씀하고 있잖니?"

아저씨는 복이란 말을 하면서 무엇인가 설명을 더 하고 싶어 하는 눈치다. 헌데 마침 토끼가 알아차린 듯 질문을 했다.

"헌데 아저씨, 그 복이란 것이 무엇이에요? 복이라고 눈에 보이는 것은 없는 것 같은데요. 그런데 복을 주셨다고요. 무슨 복을 주셨는데요?"

"복? 그래. 복이라고 하는 것은 흔히들 '복 받으세요' '축복합니다' 라고 인사 겸 복을 비는 말인데, 복이란 어떤 형체도 실체도 없는 것 아니냐? 그렇다고 사람이 다른 사람에게 복을 줄 수는 없는 것 아니겠니? 물건이 아니니까 다른 사람에게 복 받으라, 축복한다라고 하는 것은 좋은 일이 있으라고 행운을 비는 것이지. 사람이 복이라는 어떤 물건을 줄 수 없으니까 저 사람에게 복을 주시라고 절대자에게 비는 것이라 그 말이다. 결국 그 복을 줄 수 있는 분은 우주 만물을 창조하실 수 있는 능력자만이 주실 수 있는 것이다, 그 말이다."

"사람은 복을 빌 수는 있는데, 복을 주는 분은 하나님이라 그런 말씀이군요. 그러니까 사람은 남을 위해 축복은 하는데, 복을 주지는 못하는 존재다, 그거지요? 그리고 하나님은 축복하는 분이 아니고 복을 주시는 분이다, 그 말씀이네요."

"바로 그거다. 복이라는 것은 제한된 연약한 존재로선 만들 수도, 줄 수도 없기 때문이야. 생각해 봐라. 물고기가 물속에서 수영할 수 있는 능력을 제 스스로 가졌겠니? 새가 공중을 날 수 있는 능력, 그리고 후손을 번식시킬 수 있는 생식능력 같은 것은 피조물이 스스로 만들어 가질 수 있는 것이 아니잖니? 그렇다고 다른 어떤 세상의 권력자가 줄 수 있는 것도 아니고 말이다. 그런 능력은 오직 하나님만이 주실 수 있는 능력이지. 자신의 능력으로 얻을 수 없는 그런 능력을 하나님께로부터 받았다면 그것을 복이라 할 수 있을 것이다, 그 말이다. 이해가 되는지 모르겠다."

"이제 이해가 되어 가고 있는 듯해요."

"그래, 이해가 좀 어렵지? 다시 들어봐. 물고기가 물속에서 살면서 수영하는 것과 새가 공중에서 날아다니는 그런 능력은 다른 동물에게는 주시지 않은 특별한 능력이야. 어떤 동물도 그런 능력을 스스로 만들어 가질 수도 없어. 그런데 물고기에게는 수영하는 능력을 주셨고, 새들에게는 공중을 날 수 있는 그런 능력을 주셨어. 그러니까 자신의 지혜와 능력으로 스스로 할 수 없는 것을 받은 것이란 말이다. 그것을 하나님께서 주셨으니 그것이 복이라고 한다는 말이다.”

“그래서 다른 사람에게 복 받으라고 하는데도 주는 것이 아무것도 없군요.”

“그렇단다. 또 생육하고 번성하라고 했는데 그것도 복이야.”

“아하, 그래서 자손을 많이 둔 사람을 복 받은 사람이라고 하는군요. 스스로의 힘으로는 자손을 많이 둘 수 없겠지만 하나님이 주셨기 때문에 그게 복이다. 즉 다산이 복이라 그런 뜻이네요.”

“아하! 물고기가 수영하고, 새가 공중을 날 수 있는 능력은 하나님이 주신 복이군요. 자손이 많은 사람은 생육하고 번성하라는 말씀에 따라 복 받은 사람인 거고요.”

“그렇지, 이제 설명이 되었겠지?”

“네, 이제 이해가 충분히 되었습니다.”

“녀석. 여하튼 다섯째 날 창조하신 물고기, 새 이야기하다가 그들이 받은 복까지 이야기를 했구나. 결국은 하나님이 창조하신 움직이는 생물들은 모두 복 받은 존재란다. 거기에는 너도 나도 다 복 받은 존재란 뜻일 게다. 너도 그렇게 생각하겠지?"

"네, 아저씨. 정말이네요."

하나님이 주신 특별한 복인데

생육하고 번성하라 땅에 충만하라
그것은 우리 능력으로 얻을 수 없는
하나님이 주신 특별한 복인데

하나님이 주신 복을
주신 대로 받고 감사하기만 하면 될 터인데
그런 복이 부족해서
스스로 복을 더 많이 만들어서 갖겠다고 하면
하나님이 과연 좋아하실까

하나님이 허락하신 일이 없는데도 사람이
제 마음대로 동물도 복제하고, 사람도 복제하면
하나님의 창조 설계를 바꾸려는 행위인데
과연 그것을 해도 좋은 일일까

지혜와 양심을 누가 주셨는데
창조의 질서와 윤리를 외면하면서까지...

15
땅의 짐승

"토끼야, 너는 어떤 짐승을 제일 무서워하니?"

"글쎄요, 제일 무서워하는 짐승이라. 음...... 나에게 무서운 존재는요. 뱀인 것 같아요."

"어째서?"

"왜냐하면요, 제가 사는 동네는 아저씨도 아시다시피 가시나무 숲이 많잖아요? 그 숲속이 우리 토끼들의 집이고요. 또 운동장인데요. 그 속에는 늑대도 곰도 못 들어오거든요. 그렇지만 뱀은 언제 들어오는지도 모르게 슬쩍 들어오거든요. 들어와선 우리 친구들을 물잖아요? 친구가 물린 것을 보고는 그제야 뱀이 들어 온 것을 알게 돼요. 얼마나 조용히, 또 살짝 들어오는지 몰라요. 그래서 뱀은 아주 무섭고 징그러운 존재예요."

"네 말을 들으니 그럴 것도 같구나. 맹수들이야 혹 네가 피할 수 있을 테고, 뱀은 피하기는커녕 다가오는 소리도 못 들을 테니까, 아마 네게는 뱀이 무서운 존재일 것 같기도 하구나. 여하튼 그 뱀이란 놈은 사람에게도 천적이란다. 그 놈은 마귀야."

"뱀 이야기는 하기도 싫어요."

"오늘 우리가 관심을 둘 창조물들은 말이다. 땅에서 사는 모든 짐 승들이야. 하나님께서 땅의 짐승들을 여섯째 날에 창조하셨다고 했 잖니? 그 짐승들도 역시 종류대로 창조하셨다는구나. 얼마나 종류가 많은지 너도 잘 알 거다."

"저도 땅에서 살지만요. 땅에서 사는 짐승들의 종류도 참 많아요. 코끼리, 사자, 호랑이, 곰, 기린, 늑대, 사슴...... 다 기억할 수도 없네요."

이야기하면서 아저씨의 얼굴 표정이 좀 우울해지는 것 같더니,

"그런데 요즘은 멸종하는 종류가 많아 걱정이다."

"그래요, 아저씨? 어쩐지 우리 동네에선 작년에 보이던 개구리며, 도마뱀이며, 노루며, 다 어디로 갔는지 보이질 않더라고요. 그래서 이 사간 줄로만 알았는데요. 멸종이라니요. 참 슬픈 이야기네요."

"분명 없어지고 있어. 물론 지역에 따라 다르기는 하겠지만 말이 다. 그 원인이 지구 온난화 때문인지, 유전자 조작 때문인지, 환경호 르몬 때문인지, 아니면 환경오염 때문인지 확실히는 알 수가 없어. 아 마 그런 이유들이 모두 동물의 멸종을 부추길 수도 있을 것이야. 여하 튼 야생 동물들의 숫자가 줄어드는 것만은 사실이니까."

"그렇다면 그거 큰 문제네요. 아저씨, 환경호르몬이라는 것이 뭐에 요? 호르몬이면 호르몬이지, 왜 하필 환경호르몬이라고 하지요?"

"환경호르몬이라고 하는 것은 말이다. 지금까지 환경을 오염시켰

던 어떤 물질보다 제일 심각한 오염물질이라 생각하면 된다."

"환경호르몬이 오염물질이군요. 그게 어떻게 오염을 시키는데요?"

"우선 환경호르몬은 우리 몸 안에서 분비하는 호르몬을 말하는 것이 아니라, 외부에서 들어가는 어떤 이물질이 몸 안에 들어가 호르몬을 분비하는 내분비계통을 혼란시키기 때문에 그것을 환경호르몬이라고 한단다."

"호르몬이라고 하면서 호르몬이 아니라는 것은 무슨 뜻이에요?"

"가짜라는 이야기다, 가짜 호르몬. 외부에서 들어가는 것이 무엇이냐 하면 플라스틱 제품이나 화학제품이 물에 녹거나 불에 타서 공기 중에 떠다니는 것들이라고 할 수가 있어. 사람이 편리한 것을 좋아하다 보니 얼마나 많은 플라스틱 제품들이 쓰레기로 나가느냐? 엄청나지? 그런 것들이 다 환경호르몬이 되는 화학물질이야."

"그 화학제품들의 폐기물이 환경호르몬이 되는 거군요."

"문제는 그 환경호르몬이 불치병을 만들고 생명을 멸종시키는 원인이 된다는 사실이야. 한 마디로 환경호르몬은 문명이 가져오는 인재라고 할 수 있다는 이야기지."

"그 환경호르몬이라는 것이 아주 무서운 것이군요. 그러면 그 환경호르몬이 될 수 있는 것들은 주로 어떤 것이 있나요?"

"문명이 발달하면서 사람들이 편리하게 사용하는 모든 것들이라고 할 수가 있단다. 화학제품들, 플라스틱 제품들……. 예를 들면 농약과 제초제, 각종 플라스틱 용기, 합성세제, 페인트, 방향제, 공기 청정제, 각종 건축자재, 그거 말하려면 한이 없다. 그것들이 다 환경호르몬 역할을 한다는 거야. 다시 말하면 그런 것들을 사용하고 폐기하는 과정에서 물과 공기와 땅이 오염되어서 농산물과 물고기에 유입되기도 하고, 또 동물의 고기나 젖에 유입되고, 최종적으로 사람의 몸에 축적이 되는 거야. 그러니까 우리 몸에 들어온 화학물질이 환경호르몬인데, 그것이 몸의 호르몬 분비 계통을 혼란스럽게 해서 몸에 이상이 생기도록 하는 것이야."

"아이고, 큰일이네요. 거의 전부인데요? 그러면 그 환경호르몬이 어떤 일을 하나요?"

"환경호르몬이란 이름이 붙여진 이유가 진짜 호르몬이 하는 일을 가짜 호르몬이 교란시켜 비정상적인 생리작용을 하도록 한다는 데서 붙여진 이름인 거야. 그래서 환경호르몬이라고 하는 것이지. 예를 들면 생태계나 사람의 생식기능 저하, 기형, 성장장해, 암 등을 유발한다는 것이야. 그 피해도 이야기 하려면 한이 없어."

"점점 더 무서운 생각이 드네요. 매일 풀을 뜯어 먹어야 하는데 어떻게 하나. 그럼 예방법은 없나요?"

"그래, 걱정이 될 거다. 헌데 요즘 플라스틱 제품을 사용하지 말자고 하잖니?

그게 방법 중 하나이긴 하다만 너무 늦었어. 그 환경호르몬 때문에 암이나 불치병이 많이 생기고 불임증이나 조숙이 있을 수도 있다는 거야. 무엇보다도 그 때문에 멸종이 되는 것은 아닌지 그게 걱정이다."

"그럼 그런 현상들도 하나님의 설계에 있다고 할 수 있나요?"

"그거 아주 심각한 질문이로구나. 여하튼 아직 결론을 내리기는 어려운 것 같구나. 인재라고 할 수 있으니까. 좀 두고 봐야겠다."

16
육축

"아저씨, 하나님이 땅에 사는 짐승을 창조하셨다고 하는데요. 좀 이상한 것이 있어요. 뭐냐 하면요. 짐승은 짐승인데 산이나 들에 가서 살지 않고 하필이면 사람들에게 얹혀서 사는 짐승이 있는 것 같아요. 개나, 돼지나, 소, 그리고 닭같이요. 왜 그렇게 사람들에게 얹혀서 사람을 괴롭히면서 살지요?"

"네가 보기에는 닭이나 소가 사람을 괴롭히면서 사는 것 같이 보이니? 아니야, 그것들은 사람을 주인으로 모시고 사는 짐승들이야. 사람에게 유익을 주면서 말이다.

하나님이 그들을 다른 짐승과는 좀 다른 위치로 만드신 거야. 그래서 육축(六畜)이라고 하잖니? 가축(live stock)이라고도 하고 말이다."

"아, 그래서 그렇군요. 음...... 그러면 집토끼도 가축이라면 저도 아저씨 집에 가서 살면 가축이 될 수 있을 것 같은데......"

"그게 좀 해석이 묘하긴 하다. 집에서 기른다고 해서 다 하나님께서 정하신 가축은 아닌 것 같다는 이야기야. 그래서인지 성경에서는 육축(六畜)이라고 했잖니? 육축이라는 말은 집에서 기르는 여섯 가지 짐승이라는 뜻이다. 그러니까 소, 말, 개, 돼지, 양, 닭, 이렇게 대략 여섯 가지가 아닌가 생각이 되는구나. 물론 그 여섯 가지만 육축이라고 할 수는 없지만 말이다."

"그렇군요. 좋을 뻔하다 말았네요. 저도 아저씨 집에 가서 살면서 집토끼로 성만 갈면 되는데. 산토끼는 늘 긴장을 하고 살아야 되잖아요?"

"이거 너한테 미안한 것이 많구나."

17
하나님의 형상인 사람

"아저씨하고 여행을 하다 보니까요. 궁금한 것이 참 많아
졌어요. 하나님의 창조에 대해 관심을 가지니까요. 왜 그렇게 궁금한
것이 많아지는지 모르겠어요. 궁금한 것이 전보다 더 많이 생긴 것 아
닌가 해요."

"아마 그럴 게다. 그래 무엇이 또 궁금하냐?" 아저씨는 이 녀석이 또
무엇이 알고 싶어서 그러는지, 오히려 토끼의 속마음이 궁금해졌다.

"멀리 생각할 필요도 없어요. 아저씨를 따라 다니다 보니까요. 다
른 짐승들은 다 네 발로 다니는데 말이에요. 왜 사람만 두 발로 다니
는가, 그런 생각을 했어요. 아저씨는 두 발로 걷는데, 저는 이렇게 네
발로 따라가잖아요? 제가 보기에는 사람이 너무도 신기하구요. 그래
서인지 사람이 두려운 존재인 것 같아요."

"네가 그것이 궁금하다고 하니까, 나도 한번 더 생각하게 되는구

나. 하나님의 말씀도 떠오르고. 그러면 내가 네 궁금증을 풀어줘야 되겠지? 한번 들어 보렴."

"네, 그거야 신비 중에도 정말 신비인데, 귀를 더 치켜 올리고 듣겠습니다."

토끼가 사람이 네 발로 걸어 다니는 것이 늘 궁금했던 모양이다.

"우선은 말이다. 사람은 하나님의 형상으로 창조된 존재라는 것을 알아야 한다. 하나님께서 우주 만물을 창조하신 목적이 바로 사람을 창조하시기 위해서이기 때문이야. 하나님께서 사람을 창조하신 것은 말이다, 사랑하고 교제하는 대상으로 삼기 위해서란다."

"그걸 어떻게 알아요? 하나님께서 저 같은 토끼도 사랑하신다고 했잖아요? 그런데 왜 사람만 사랑해요?"

"그래, 하나님이 너 같은 모든 생명들도 사랑하시는 것은 사실이지만 말이다. 그 중에서도 사람을 특별히 더 사랑하신다는 거야. 왜 그러냐고? 봐라. 사람이 살기에 필요한 모든 환경과 재료를 먼저 준비하신 뒤, 제일 마지막에 사람을 창조하셨잖니? 그게 무슨 뜻이겠니? 사람이 창조의 최종 목적이란 뜻일 것이다. 성경에서도 보아라. '하나님이 이르시되 우리의 형상을 따라 우리의 모양대로 우리가 사람을 만들고 그들로 바다의 물고기와 하늘의 새와 가축과 온 땅과 땅에 기는 모든 것을 다스리게 하자 하시고' 라고 말씀하셨어. 그게 무슨 말씀이겠니? 하나님께서 사람을 자신을 닮은 인격체로 만드셨을 뿐만 아니라, 모든 생명체를 다스리는 권한까지 사람에게 주셨다는 뜻이다. 어떤 짐승에게도 그런 권한을 주신 일이 없어. 사람뿐이야. 그러니까 사람은 하나님의 은혜와 사랑과 복을 충만하게 받은 존재라는 것을 너도 알아야 된다."

"그렇군요. 그러니 저는 토끼고, 아저씨는 하나님의 사랑을 받는 권위가 있는 사람이 되신 거군요. 만물을 다스릴 수 있는 그런 위치로, 어쩐지......."

"그러면 네가 토끼가 된 것이 억울하니?"

"아, 아니요. 아저씨, 절대 그런 것은 아니에요."

"그래. 피조물이라는 존재는 말이다. 짐승이나 사람이나 다 자신의 존재가 무엇인지 알고 인정하는 것이 참으로 중요하단다."

"네 알겠어요, 아저씨. 저는 사람의 귀여움을 받는 토끼라는 사실을 인정하겠습니다. 그러면 됐지요?"

토끼도 이제는 스스로 자기 존재를 인정하는 눈치였다.

예수가 성인(聖人)일까

우리는 크리스마스를 성탄일(聖誕日)이라고 한다
성인(聖人)이 탄생했다는 뜻일 것이다
그러면 예수가 사대 성인 중 한 분인가

그럴 수가 없다
예수는 성인이 아니라 하나님의 아들이요
말씀으로 세상에 오신 하나님이시고
인류를 죄에서 구원하기 위해 오신 구세주다

사람의 몸을 입고 세상에 오셨다고 해서
성인 취급을 하는 것이 과연 옳은 답일까

사람이 만물의 영장일까

우리는 자신을 만물의 영장(靈長)이라고 자부한다
영장류 중 으뜸이라는 뜻일 것이다
그렇다면 사람이 짐승 중 으뜸이 되는 짐승인가

그럴 수가 없다
사람은 짐승이 아니라 하나님의 사랑하는 자녀다
하나님이 자신의 모양을 닮도록 만든
특별히 사랑하는 대상이 사람이다

사람과 짐승의 몸을 모두 흙으로 만들었다고 해서
사람을 짐승처럼 영장류 취급을 하는 것이 과연 옳은 답일까

18
하나님이 준비하신 처음 집

　"아저씨."

　"그래, 이번에는 어떤 것이 궁금하냐? 엉뚱한 질문은 아니겠지?"

　"아주 중요한 질문이에요. 하기야 다 중요하지만 말이에요. 하나님
께서 사람을 창조하시기 위해서 지구와 환경과 식물, 그리고 동물을
먼저 창조하시고 사람을 창조하셨다고 했잖아요? 그럼 하나님이 사
람에게 살라고 준비한 처음 집은 어디에 있어요?"

　"그거 아주 재미있는 질문이로구나. 암, 너희 토끼들이야 아무데
서나 자고 쉬면 거기가 너희 집이지만 말이다. 사람에게는 거처할 거
주지가 반드시 있어야 한다. 그 처음 거주지가 바로 에덴동산이라는
곳이야. 하나님이 동방의 에덴에 동산을 창설하셨다고 했잖니? 거기
에다 각종 과일 나무를 준비하셨던 거야. 언제든지 먹을 수 있도록
말이다."

"아하, 그렇게 하셨어요? 그럼 우리 토끼와 거의 비슷한데요. 우리도 나가기만 하면 무엇이든지 먹을 수 있는 것들이 많은데요. 풀도 과일도요."

"어허, 우리 토끼가 이제 사람하고 같은 수준으로 놀려고 하는구나. 하나님께서는 너희들과 사람을 같은 수준으로 창조하시지 않았다는 것을 알아야 한다. 하나님께서 동물에게는 푸른 풀을 식물로 주셨다고 했고, 사람에게는 씨 가진 채소와, 씨 가진 열매 맺는 나무를 식물로 주셨다고 하셨잖니? 수준이 좀 다르다는 느낌이 없어? 보통 풀이라는 것과 씨 가진 채소나 열매는 같은 식물이지만 수준이 다르다는 이야기다."

"그렇기는 한 것 같네요. 그럼 아저씨, 하나님께서 창조 때 물을 전부 소금물로 만드셨다고 하셨는데, 에덴동산에서도 소금물을 먹었나요? 먹을 수 없는 소금물인데?"

"질문도 이젠 아주 세련되어 가는구나. 그래, 소금물이야 먹고 살 수가 없지. 그래서 에덴동산엔 말이다. 하나님께서 강을 만들어 주셨어. 그것도 하나가 아니라 강을 네 개나 말이다, 에덴에서 발원해서 네 가운데로 흐르도록. 다시 말하면 생수의 근원을 만들어 주셨다는 이야기야. 그것이 바로 아담이 먹었던 지하수 아니겠니?"

"지하수가 그렇게 강이 흐르도록 풍성했나요?"

"물론이지. 전에 내가 말했듯이 바닷물이 지하로 스며들어 사람이 먹을 수 있는 민물이 된다고. 그래서 아담이 지하수로 스며든 민물을 먹은 셈이야."

"그렇군요, 아저씨. 창조하신 것이 하나님의 뜻대로 착착 맞아가는 것 같네요. 하나님의 설계대로 이뤄가는 느낌이에요. 놀라운데요?"

토끼의 궁금증이 계속 이어져 갔다.

"세상 만물을 보면 하나님이
천지창조 때 설계하셨던 뜻을 알 수 있어요.
그것이 딱딱 맞아들어가는 걸 보니 정말 놀라워서
하나님을 찬양하지 않을 수 없네요."

19
하나님이 금하시는 실과

"아저씨, 내가 산에나 들에서 풀을 먹잖아요. 헌데 어떤 풀은 우리 조상 때부터 안 먹는 풀이 있어요. 처음엔 왜 그런가 하고 의심도 했지만 말이에요. 여하튼 조상들이 안 먹으니까, 그걸 보고 나도 그 풀만은 안 먹게 됐어요. 아마 그런 풀에는 독이 있었던 것 아닌가 그런 생각이 들어요. 그런데 사람들은 어느 과일이나 다 먹을 수 있나요?"

"네가 아주 정확히 관찰했구나. 우리 하나님은 생명체들이 한 쪽으로만 치우치도록 창조하신 하나님이 아니다. 쉽게 말해서 가는 길이 있으면 오는 길이 있고, 양지가 있으면 음지가 있고, 밤이 있으면 낮이 있고, 선이 있으면 악이 있고, 수컷이 있으면 암컷이 있고, 약이 있으면 독이 있도록 모두 양면적으로 창조하셨어. 그것이 하나님이 창조하신 질서라고 할 수가 있단다."

"음, 동전도 양면이 있을 수밖에 없으니까 그렇다는 거지요?"

"그렇고말고. 그러니까 먹는 것에도 마음대로 먹을 수 있는 것이 있고 먹으면 안 되는 것, 즉 먹지 말라고 하신 것이 있는 것이야. 왜냐하면 먹으면 독이 될 테니까 말이다. 그리고 때로는 죽을 수도 있기 때문이야. 그 예가 바로 선악을 알게 하는 나무의 실과가 아니겠니? 선악과라고 하는 것 말이다. 물론 하나님께서 그런 명령을 하신 것은 사람에게 주신 일종의 약속이라 할 수 있단다. 하나님의 말씀에 순종이냐 불순종이냐에 따라 어떤 판결을 주신다는 뜻일 수 있다는 이야기다. 내가 전에도 말하지 않았니? 세상은 하나님이 주신 약속에 의해 운행이 된다고. 그래서 만물이 그 약속을 지켜야 된다고. 그리고 그것이 질서라고. 하나님이 말씀하신 것을 들어 봐. '네가 먹는 날에는 정녕 죽으리라' 아주 두려운 말씀 아니냐?

하나님은 불순종하는 자에게는 아주 엄격하신 분이야, 알겠니?"

"하나님이 그런 선악과도 만들어 놓으셨어요?"

"그래, 그 선악과는 하나님이 따 먹지 말라고 금하신 실과였단다. 먹는 날에는 정녕 죽을 것이라고 하셨지. 그처럼 하나님께서 금하셨는데 그 명령에 순종하지 않는다면 그 사람은 어떤 사람이 되겠니? 하나님의 말씀을 거부하는 자, 불순종 하는 자가 되는 거야. 그러니까 범죄자가 되는 것 아니겠니? 그런데도 아담과 하와가 그 명령을 어겼어."

"아차차! 하나님이 그렇게도 철저하게 금하셨는데도 아담이 먹었군요. 참 안타깝네요. 인류의 조상이 인류 최초의 죄인이 되었다니."

"그래, 너도 안타깝게 생각하는구나. 그 죄로 말미암아 사람이 모두 죽을 수밖에 없는 죄인이 된 거야. 그것이 인류에게 죄가 되어 지금까지 죄성이 있는 사람이 된 것 아니겠니? 참으로 안타까운 일을 아담이 범한 것이다."

"참으로 안 된 일이네요. 그때 아담이 하나님의 말씀만 잘 들었더라면 얼마나 좋았을까? 그런데 아저씨, 이건 만약인데요. 꾸중하지 마세요. 만약이니깐요. 만약 하나님께서 선악과를 만들지 아니하셨다면 괜찮았을 것 아닌가요? 아담이 죄를 범할 필요가 없었을 텐데요"

"흥, 너도 기발한 생각을 할 때가 있구나. 너도 들어봐라. 나도 만약이다. 만약 네거리에 정지신호를 안 만들었다면 정지신호 위반 딱지를 먹을 필요가 없었을 것 아니냐? 정지하지 않아도 되고, 딱지도 안 먹고, 범법자도 안 되고 말이다. 그런데 왜 정지 신호를 만들었을까? 그것이 질서 때문이 아니겠니? 질서. 그 신호를 안 지키면 범법자가 될 수도 있고, 죽을 수도 있다는 거야."

"그러네요. 이제 머리가 정리가 됩니다. 질서 있게요."

20
언어의 창조 능력

만약 말과 글이 없었다면

말과 글이 없었어도
문명이 발달할 수 있었을까
정보도 교환할 수 없고
어떤 설계도 할 수 없었을 텐데

왜 말과 글이 오직 사람에게만 있을까
사람의 지혜와 능력으로 얻어진 것일까
연구해서 얻어진 것일까

모든 영장류에게 언어가 없는 것을 보면
분명 사람에게만 주어진 것 같은데
누가 그런 복을 사람에게만
주었을까
그것은 분명 하나님의 사랑일 것이다

"아저씨, 맨 처음에 누가 제 이름을 지어 주었을까요? 토끼라고요. 제 이름을 참 잘 지은 것 같아요. 토끼, 정말 저한텐 좋은 이름이에요."

"네 이름이 그렇게도 좋으냐?"

"네, 아주 좋아요. 거북이라는 이름을 한번 보세요. 거북이라는 이름은요. 거북하게 걷는 느낌이 드는 이름 아니에요? 그래서 거북이가 거북하게 걷는 것은 아닌지요? 제 이름도 한번 보세요. 토끼, 톡톡 뛰는 끼를 가졌다는 뜻 아니겠어요? 아주 생동감이 있는 이름이구요."

"거, 이름 해석 한번 잘 하는구나. 토끼는 생동감이 있는 이름이다? 네가 그렇게 이야기했으니 말이다. 이름에 대해서는 잠시 미루고, 네가 얕보는 거북이에 대해 잠깐 이야기를 좀 해 보자. 저 남미 브라질 앞바다에는 녹색 거북이가 산다고 하더라. 그 녹색 거북이가 산란기가 되면 대서양에 있는 아선숀이라는 섬을 찾아 간다는구나. 그 거리가 무려 바닷길 4,500km라고 한다. 그곳에 가서 해변에서 멀리 떨어지지 않는 장소 모래밭에 그 모래를 파고 알을 약 백 개 정도 낳는다는 거야. 그런 다음 모래로 덮어놓고 다시 브라질 해변으로 되돌아온단다. 헌데 그 후 모래 속에 묻혀 있던 알들이 부화가 되면 새끼 거북이가 탄생을 하게 된다는데, 그 새끼 거북이들은 태어나자마자 바다로 달려간다는구나. 그리고선 생전 듣지도 못하고 가보지도 못한 제 어미가 살고 있는 곳, 브라질 앞바다로 수영을 해서 찾아 간다는 거야. 그토록 먼 곳을 말이다. 그렇다고 교육을 받은 것도 아니고, 무슨 문서로 그려진 지도를 가진 것도 아닌데 그 먼 바닷길을 헤엄쳐서 어미 고향으로 찾아간다는구나. 헌데 그 새끼 거북이들이 다시 자라서 어른이 되면 다시 자신이 태어났던 아선숀 섬으로 알을 낳으러

간다는 거야. 사람인들 그렇게 할 수 있겠니? 헌데 거북이는 그렇게 할 수 있다니 거북이가 얼마나 지혜로우냐? 그래도 너 거북이를 얕볼 수 있겠니? 거북하게 걷는다고? 거북이가 거북하게 걷는 것이 아니라, 아주 가볍게 수영을 한단다."

"거북이가 그런 재주가 있는 것은 전혀 몰랐네요. 거북이한테 미안한 생각이 드는데요. 이담에 거북이를 만나면 업어 달라고 해야겠네요. 바다 구경 좀하게. 그리고 친구하자고 해야지."

"그런데 말이다. 거북이가 배우지도 않았는데 그렇게 할 수 있는 능력을 스스로 알았겠니? 아니지, 그것도 역시 하나님이 주신 복일 수 있어. 거북이 자신이 할 수 없는 것을 하나님이 해 주셨으니 그게 복이 아니겠니? 그러니까 그것도 하나님의 지혜요, 하나님의 설계일 것이다. 거북이에게 주신 설계 말이다."

"그렇지요. 역시 하나님이신 것 같아요."

"이제 이름에 대해 생각해 보자. 아기가 처음 말을 배울 때 무슨 말을 제일 먼저 배울 것이라고 넌 생각하니? 아마도 '엄마' 일 것이다. 배우기도 쉽고 부르기도 쉬운 이름이 바로 엄마라는 이름이 아니겠니? 그래서 사람은 엄마라는 이름을 배우는 것으로부터 시작해서 모든 말을 배워가는 것 같아."

"듣고 보니 그런 것 같은데요. 소도 양도 '음매' 그러잖아요? 아마 그 음이 발음하기가 제일 쉬운 모양이에요."

"너도 그렇게 생각이 되지? 성경에도 그런 말씀이 있단다. 하나님이 각종 동물을 지으시고 아담이 어떻게 이름을 짓나 보시려고 아담에게 이끌어 가셨다고, 그래서 아담이 각 생물의 이름을 짓는 것이 바로 그 이름이 되었다고 하는구나. 그러니까 인류의 문화, 문명이 이름으로부터 시작되었다고 해도 과언이 아니라는 이야기다."

"그렇군요. 사람에게 말이 있고 글이 있었다는 것은 하나님이 사람에게 주셨다는 뜻이지요? 그래서 그 말과 글로 이름을 짓는 데서부터 시작해 지금처럼 문명이 발달했군요. 어쩐지...... 우리 토끼는 말도 없고, 글도 없으니까요. 지금까지도 이렇게 팔딱팔딱 뛰기만 하는 것이군요. 답답해라."

토끼는 언어가 없는 자신의 삶이 한탄스러운 모양이다.

21
복제된 돕는 배필

토끼가 다시 입을 열어 질문했다. 날이 갈수록 궁금한 것이 많아지는 모양이었다.

"아저씨, 참 이상하고 신비한 것이 있어요."

"그건 또 무슨 말이냐? 무엇이 그렇게 이상하고 신비해?"

"다른 것이 아니라요. 하나님께서 왜 아담의 갈비뼈로 하와를 만드셨는지 그게 궁금해서요. 하나님이시니까 어디 살점을 뚝 떼어서라도 하와를 만들 수 있었을 텐데요. 그렇잖아요?"

"글쎄다. 그야 창조주 하나님의 뜻이고, 설계인데 한계가 있는 사람이 무엇이라고 판단할 수 있겠니? 하나님이 보시기에 아담이 혼자 사는 것이 아마도 매우 측은해 보이셨던 모양이다. 그래서 하와를 돕는 배필로 만들어 주셨다고 생각이 되기는 하는데, 왜 갈비뼈로 하와를 만드셨을까? 한번 생각해 보자."

"생각해 보세요, 아저씨. 지금 과학자들은 세포 하나를 가지고도 복제를 한다고 하잖아요? 인간 복제. 헌데 능력이 많으신 하나님이 과학자도 할 수 있는 복제를 안 하시고 하필 갈비뼈를 빼 가지고 하와를 만드셨나 해서요. 아담이 얼마나 아팠겠어요? 그래서 그것이 궁금한 거예요."

"아, 그것이 궁금해서로구나. 사람도 할 수 있는 세포 복제를 하나님은 왜 안 하셨느냐 그 이야기지? 아담의 체세포 하나를 가지고 복제를 하면 그 즉시 아담의 돕는 배필이 될 수 있겠니?"

"그야 물론 즉시는 돕는 배필이 될 수가 없겠지요. 이제 갓 태어난 핏덩어리일 텐데요."

"알기는 잘 아는구나. 그래 그 핏덩어리가 돕는 배필이 되기까지는 얼마나 아담이 기다려야 될 것 같으냐?"

"글쎄요. 아마 20년 이상 기다려야 되지 않을까요? 핏덩어리가 커서 어른이 돼야 하니까요."

"그렇지? 20년 정도는 하와가 자라도록 기다려야 되겠지? 그러니까 하나님께서는 아담과 나이가 비슷한 배필을 만드셔야 된다고 생각을 안 하셨겠느냐, 그런 생각이야. 그래서 아담의 갈비뼈로 하와를 만드신 것이지. 쉽게 말해서 성인 복제를 하신 것이라 그런 말이다, 나이가 비슷한 돕는 배필을 만드시려고. 이제 네 머리가 돌아가니?"

"아하! 그렇군요. 내 머리하곤....... 왜 내가 그런 생각을 못했을까?

정말이네요. 아담의 노화된 상태와 같은 하와를 만들기 위해서 아담의 갈비뼈로 복제한 것이라 그 말씀이지요?"

"그렇단다. 그것도 역시 하나님의 지혜요, 하나님이 아담과 하와를 아주 깊이 사랑하신 결과일 것이다."

"그러네요, 아저씨. 역시 나는 토끼입니다. 생각이 그만큼 짧으니까요."

마음이라는 장기도 있었던가

"네 마음대로 해
네 생각대로 해"

마음대로, 생각대로 하는 것을
우리 몸 어디에서 결정하는 것일까
마음일까, 머리일까
우리 몸에 마음(心)이라는 장기가 있다면 심장일 것이다

과연 마음이 생각하는 기능이 있는 장기인가
심장은 우리 몸 구석까지 피를 공급하는 역할을 하는 장기일 뿐이다
마음이 생각하는 장기라고 할 수가 없다는 뜻이다
생각은 머리(뇌)에서 한다고 할 수 있다

그러면 마음이 머리에 있을까
마음이 머리에 있을 리가 없다
그렇다면 마음을 우리 몸 어디에서 찾아야 될까
마음은 우리 몸 어디에도 없는 것이 확실한 것 같다
그런데도 마음으로 생각을 하라고 한 이유는 무엇일까

성경에도
'모든 지킬만한 것 중에 더욱 네 마음을 지키라
생명의 근원이 이에서 남이니라'고 하였다

'나'라는 존재는
보이는 것만이 내가 아니라
보이지 않는 마음에도 내가 있다는 뜻이 아닐까
사람이라면 그 '나'를 지키라는 뜻이다

신비 기행을 마치면서

"태초에 하나님이 천지를 창조하시니라"

이 짧은 문장에는 이 세상 어떤 학문에서도 볼 수 없는 신비가 있습니다. 문학에서도, 철학에서도, 과학에서도, 심지어 어떤 다른 종교에서도 이러한 신비는 찾아 볼 수가 없습니다. 그런데 성경은 제일 첫 절에서 이 말씀을 선포하시고 있습니다. 세상 모든 학문이 발달했지만 아직 시간이 무엇인지, 하늘이 무엇인지, 물질이 무엇인지, 창조가 과연 어떤 것인지 정확히 아는 사람이 없습니다. 더구나 그 창조 사역을 하신 하나님의 지혜와 능력이 얼마나 크고 위대하신지는 인간의 머리를 동원해도 아는 사람이 없다는 사실입니다.

그 신비의 선포가 있기에 우주 만물이 있고 역사가 있습니다.
그 신비가 있기에 우주 만물이 질서 있게 운행이 되고 있습니다.
그 신비가 있기에 생명이 있고 죽음이 있습니다.
그 신비가 있기에 과학과 문명이 첨단에 와 있습니다.

"태초에 하나님이 천지를 창조하시니라" 참으로 신비한 이 말씀을 믿으십니까? 이 말씀이 하나님의 말씀이라는 사실을 믿으십니까? 내가 교회에 출석하고 있고, 하나님의 말씀인 성경이니까, 믿는 것인지, 아니면 하나님의 창조가 참으로 신비하고, 확실하다는 사실이 체험되기에 믿는 것인지를 묻는 것입니다. 이 말씀에서 '창조'라는 말은 무에서 유를 창조하셨다는 것, 즉 아무것도 없는 데서 이 엄청난 우주 만물을 하나님이 손수 만드셨다는 사실을, 하나님이 선포하신 말씀으로 우리는 믿는 것입니다.

그러면 한번 머릿속으로 그림을 그려 보십시오. 창조 이전에는 우주가 있었는지, 없었는지. 만약 있었다면 우주가 어떤 형태였는지. 깜깜한 색이었는지, 흰색이었는지, 정말 아무것도 없었는지. 또 우주가 없었다면 없다는 상태가 어떤 것이었는지 한번 상상해 보십시오. 그것은 우리 제한된 머리로는 상상이 안 되는 상태일 것입니다.

지금과 같은 시간이 흐르지도 않았고, 지금과 같이 공기가 있는 대기권 하늘도 없었고, 수많은 별들이 있는 우주 공간도 없었으며, 해나달 별 지구도 없었으니 식물도 동물도 전혀 아무것도 없었습니다. 그런데 지금은 모두 있으니 신비라는 이야기입니다.

오직 하나님만 계셨습니다. 그래서 요한복음에 "태초에 하나님이 계시니라"고 선언 하시고 있는 것입니다. 그런 상태에서 하나님께서 유를 창조하셨던 것입니다.

만약 무엇인가 있었다면 창조를 하실 필요가 없었을 것입니다. 그러면 '무'에서 '유'를 창조하셨다고 할 때, 그 '유'가 무엇입니까? 창조된 그 '유'는 창세기에서 보이듯이 '시간'과 '공간'과 '물질'입니다. 없던 시간, 없던 공간, 없던 물질이 생긴 것입니다. 정말 신비(神秘)입니다. 그 사실이 믿어지십니까?

"태초(시간)에 하나님(창조주)이 천(공간) 지(물질)를 창조하시니라."고, 성경이 선포하고 있는 성경 첫 절입니다. 그때부터 시간이라는 것이 흐르기 시작했고(태초에; In the beginning) 생명체가 존재할 수 있는 대기권과 우주 공간이 펼쳐졌으며(천; heavens) 물질로 이루어진 지구와 만물이 존재하게 되었습니다.(지; earth)

그러면 태초에 우주 만물이 창조되었는데, 성경은 우리에게 어떻게, 어떤 방법으로 하나님께서 우주 만물을 창조하셨다는 사실을 가르쳐 주고 있습니까? 없습니다. 하나님이 우주 만물을 창조하신 그 방법에 대해서는 우리에게 전혀 가르쳐 주지 않고 계십니다. 그에 대해서는 전혀 설명이 없습니다. 다만 창조하셨다는 선포만 하시고 있습니다. 그래서 그것을 신비(神秘)라고 하는 것입니다. 하나님이 하시는 계획이고, 하나님의 뜻이고, 하나님의 일인데 피조물인 사람에게 미리 알려야 할 필요가 있겠습니까? 알릴 필요가 없지요. 그래서 신비인 것입니다. 사람은 신비하게 만들어진 그 후부터만 보고 연구해서 알 수 있는 것입니다.

성경이 그 사실을 무조건 믿으라고 합니까? 하나님이 제한되고 연약한 사람을 창조하시고 사람에게 그런 무리한 요구를 하셨겠습니까? 무조건 믿으라고? 아닙니다. 하나님이 사람을 어떤 존재로 만드셨습니까? 하나님을 닮은 인격체요, 창조적 머리를 가진 존재로 만드셨습니다. 하나님은 사람에게 그런 신비한 사실을 깨달아 알만한 지혜도 주셨습니다. 다시 말하면 하나님이 창조하신 만물을 보고 깨달아 알 수 있을 만한 지혜를 사람에게 주셨다고 말씀을 하십니다.

성경에 말씀하기를,

"이는 하나님을 알 만한 것이 그들 속에 보임이라 하나님께서 이를 그들에게 보이셨느니라. 창세로부터 그의 보이지 않는 것들 곧 그의 영원하신 능력과 신성이 그가 만드신 만물에 분명히 보여 알려졌나니 그러므로 그들이 핑계치 못할지니라."

무슨 뜻입니까? 하나님이 만드신 만물을 살펴보고 연구하면 분명히 그의 능력과 신성이 보이도록 창조하셨다는 뜻 아니겠습니까? 그런 사실을 사람으로 하여금 연구해서 알 수 있도록 지혜를 주셨다는 것입니다. 무에서 유를 창조하신 때부터 창조된 만물에는 능력과 신성의 흔적, 창조의 흔적이 보인다는 뜻입니다. 그런 흔적을 보고서도 하나님이 없다고 부정하지 말라는 뜻입니다. 그런 하나님의 작품을 보고서도 우연히 되었다든지, 무조건 믿으라든지 하는 것을 요구하시는 것이 아닙니다. 만물을 관찰하고 시험해보고 확실히 증명이 될 수 있도록, 그래서 하나님의 작품이라는 것이 인정되도록 해서 믿으라는 것입니다.

하나님은 신비한 능력으로 창조하셨지만 하나님이 무질서한 하나님이 아니라 질서 있고 법에 따라 지적인 설계로 창조하셨기에 과학적이라는 뜻입니다. 그래서 과학을 동원해서라도 관찰하고 시험해보고 연구해서라도 만드신 만물에서 하나님을 발견하라는 뜻입니다.

세상의 모든 지식의 앞에는 신비가 있습니다. 지식이 있기 이전에 신비가 있다는 뜻입니다. 지식이 무엇입니까? 지식이 곧 과학입니다. 그래서 성경에도 신비가 있고, 세상에도 신비가 있습니다. 내 몸에도 신비가 있고, 내 생활 주변에도 온통 신비입니다. 내 지식으로 내 몸 안에 있는 것들은 알 것도 같은데 모르는 것들이 많습니다. 그 중에 신비가 있습니다. 내 지식으로 그 신비를 모른다고, 신비가 하나님과 관계없는 것이라고 하나님을 부정하는 것은 참으로 어리석은 일입니다.

"만물이 그에게서 창조되되 하늘과 땅에서 보이는 것들과 보이지 않는 것들과 혹은 왕권들이나 주권들이나 통치자들이나 권세들이나 만물이 다 그로 말미암고 그를 위하여 창조되었고 또한 그가 만물보다 먼저 계시고 만물이 그 안에 함께 섰느니라."

사람은 왜 생각을 하고 연구를 할까? 생명체는 왜 그 모체를 닮을까? 한번 관심을 가지시고 생각도 하시고 연구도 해 보십시오.

관심을 가져야 보이는 것

■

초판 1쇄 인쇄 / 2014년 6월 30일
초판 1쇄 발행 / 2014년 7월 5일

■

지은이 / 이 기 정
펴낸이 / 민 병 문
펴낸곳 / 새한기획 출판부

편집처 / 아침향기
편집주간 / 강 신 억

■

100-230 서울 중구 수표동 47-6 천수빌딩 1106호
☎ (02) 2274-7809 • 2272-7809
FAX • (02) 2279-0090
E.mail • saehan21@chollian.net

■

미국사무실 • The Freshdailymanna
2640 Manhattan Ave. Montrose, CA 91020
☎ 818-970-7099
E.mail • freshdailymanna@hotmail.com

■

출판등록번호 / 제 2-1264호
출판등록일 / 1991. 10. 21

정가 10,000원

ISBN 978-89-94043-71-5 03230

Printed in Korea